52Weeks! 베스트셀러에서 지성인의 길을 걷다

52Weeks! 베스트셀러에서 지성인의 길을 걷다

초판 1쇄 인쇄 2013년 8월 30일
초판 1쇄 발행 2013년 9월 15일

지은이 | 김영안
펴낸이 | 전익균

증권연구소장 | 남상용
편집장 | 이호영
디자인 | Anthony. Lee
외부스텝(교정·교열) | 신희진

인쇄·제본 | (주)인쇄그룹형제

펴낸곳 | 에이원북스
주소 | 서울시 중구 초동 42번지 아시아미디어타워 503호
전화 | 02-2200-4310~3   팩스 | 02-2200-4311
e-mail | svedu@daum.net   홈페이지 | www.bookclass.co.kr
등록번호 | 제301-2013-038호   등록일자 | 2013. 2. 12

값 13,000원

ISBN 978-89-969980-6-8 (13320)

*잘못 만들어진 책은 구입하신 곳에서 바꾸어 드립니다.

이 시대 교양인의 책읽기

한 주에 한 권 만나는 지성!
교양도 컨셉이다!

52 Weeks!

베스트셀러에서 지성인의 길을 걷다

• 김영안 지음 •

에이원북스

CONTENTS

프롤로그 ······ 12

Part 1 *Spring*　　　　　　　　우리 역사 바로 보기

[역사]

Week 1_우리의 뿌리, 고대사를 찾아서 ······ 17

옆으로 본 우리 고대사 이야기(파워북, 2011) | 거꾸로 보는 고대사(한겨레출판, 2010) | 우리가 배운 고조선은 가짜다(역사의아침, 2012) | 발해고(홍익출판사, 2000)

Week 2_우리 역사에서 숨겨진 102개의 에피소드 ······ 24

역사스페셜1~7(효형출판, 2000) | 우리 역사의 수수께끼1, 2(김영사, 1999)

Week 3_독도영유권을 둘러싼 한일 간 법정 공방전 ······ 29

독도 인 더 헤이그(황매, 2009)

[유산]

Week 4_눈과 마음과 배가 모두 즐거운 우리 문화유산 답사 ··· 33

나의 문화유산답사기(창비, 2011)

Week 5_고흐나 피카소는 알지만 우리 화가는 모른다? ······ 38

화인 열전1, 2(역사비평사, 2001) | 우리 옛 그림 읽기의 즐거움1, 2(솔, 2005) | 한눈에 반한 우

리 미술관(거인, 2007) | 사군자(돌베게, 2011)

Week 6 _ 서양의 미술과 우리의 미술 44

50일간의 유럽 미술관 체험1, 2(학고재, 2005) | 아침미술관1, 2(21세기북스, 2009) | 서양 명화 101(마로니에북스, 2012) | 선비의 생각, 산수로 만나다(다섯수레, 2012)

Week 7 _ 붓에 살고 붓에 죽는 우리나라 대표 서예가들의 이야기 49

추사를 넘어(푸른역사, 2007)

Week 8 _ 중국 서예사와 한국 서예사, 우리의 명필 55

만화 중국서예사 상, 하(소와당, 2009) | 명필(서해문집, 2011) | 조선왕조실록으로 보는 한글궁체사(한국한글서예연구회, 2009)

Week 9 _ 한국의 미(美)는 무엇이고 한국성은 무엇일까 60

한국미를 만나는 법(이지출판, 2013)

Week 10 _ 우리나라의 숨은 애국자 두 명 63

좁쌀 한 알 장일순(도솔, 2004) | 간송 전형필(김영사, 2012)

[정서]

Week 11 _ 태산은 한 줌의 흙도 버리지 않았기에 큰 산이 되었고 69

흑산(학고재, 2011)

Week 12 _ 조선 선비들이 아들에게 보낸 편지 73

아들아 영원히 살 것처럼 배우고 세상을 다 품은 것처럼 살아라(함께, 2008) | 아버지의 편지(김영사, 2008) | 다산의 재발견(휴머니스트, 2008)

Week 13_외국인이 본 한국인, 한국인이 본 한국인 ⋯⋯ 78

발칙한 한국학(이끌리오, 2004) | 한국인을 말하다(홍익출판사, 1999) | 나는 한국이 두렵다(중앙M&B, 2000) | 한국이 죽어도 일본을 못 따라잡는 18가지 이유(사회평론, 1997) | 일본 여자가 쓴 한국 여자 비판(현대문학, 1999) | 한국인의 의식구조 전 4권(신원문화사, 1983) | 한국인, 이래서 못 산다(신원문화사, 2000)

Part 2 *Summer*   이웃 문화 엿보기

[사상]

Week 14_동양철학의 입문서 ⋯⋯ 85

동양고전이 뭐길래(동아시아, 2012)

Week 15_어찌 보면 간단해 보이고 어찌 보면 심오해 보이는 ⋯ 89

노자이야기(무위당, 2003) | 노자와 21세기 1, 2, 3(통나무, 1999) | 노자잠언록(보부스, 2009)

Week 16_현대적 감각으로 중용 읽기 ⋯⋯ 94

중용, 인간의 맛(통나무, 2011) | 노자를 웃긴 남자(자인, 2000) | 도올에게 던지는 사자후(화두, 2001)

Week 17_21세기에 읽는 손자병법 ⋯⋯ 100

마흔에 읽는 손자병법(흐름출판, 2011) | 21세기 손자병법(바움, 2013) | 전쟁론(동서문화사, 2009)

Week 18_욕심(慾心)으로 경쟁하지 말고 발심(發心)으로 창조하라 ⋯⋯ 104

풍요경(사람과책, 2011) | 미래의 부(네오넷코리아, 2000)

Week 19_불교를 이해하는 데 도움을 주는 책들 ⋯⋯ 108

서른에 법구경을 알았더라면(작은씨앗, 2011) | 불교명언집(불교서적공사, 1972) | 나는 불교를 이

렇게 본다(통나무, 1989) | 할(한마당, 1992) | 선문선답(장승, 1994) | 온 세상은 한 송이 꽃(현암사, 2001)

> 문학

Week 20_동양인이라면 누구나 읽어야 할 책, 사기(史記) … 113

인간의 길을 묻다(왕의서재, 2010) | 통찰력 사전(글항아리, 2009)

Week 21_역사서는 딱딱하다. 하지만 열국지(列國誌)는 재미있다 …… 117

열국지(홍신문화사, 1984)

Week 22_삼국지(三國志) 속 역사적 사실과 소설의 허구 … 120

삼국지의 진실과 허구(시그마북스, 2012) | 세계를 속인 거짓말(뜨인돌, 2010)

Week 23_하루 한 편 한시를 음미하는 즐거움 …… 125

한시미학산책(휴머니스트, 2010) | 하루 한 수 한시 365일(궁리, 2010)

Week 24_사자성어, 당신의 의도를 한마디로 끝내라 …… 130

동·서양 네 글자로 끝내라(쌤앤파커스, 2011) | 일침(김영사, 2012) | 3분 고전(작은씨앗, 2010)

> 일본

Week 25_하루키와 베르베르, 진짜 세계와 가상의 세계 … 135

1Q84(문학동네, 2011) | 신(神)(열린책들, 2008)

Week 26_지피지기, 우리의 상대 일본은 누구인가 …… 140

일본은 없다(지식공작소, 1993) | 일본은 있다(고려원, 1994) | 국화와 칼(을유문화사, 2008) | 일본, 일본인 탐구1, 2(고려원, 1994) | 한국을 모르는 한국인, 일본을 모르는 일본인(무한, 1999) | 일본 키워드 77 이것이 일본이다(고려원, 1996)

Part 3 *Autumn* 　　　　서양철학 비틀어 보기

[철학]

Week 27_ 브리태니커 '위대한 책 100선'의 서른여섯 번째 책 … 147

파스칼의 팡세(대장간, 2011)

Week 28_ 꿈을 주고 역사를 가르쳐주는 신화(神話)의 세계 … 151

세계의 신화 전설(혜원, 2009) | 신의 나라 인간의 나라(두산동아, 2003) | 그리스 · 로마 신화(창해, 2009) | 그리스 · 로마 신화(웅진지식하우스, 2000) | 그리스 · 로마 신화(베텔스만, 2002) | 신화, 세상에 답하다(바다출판사, 2009) | 뿌리(열린책들, 2006)

Week 29_ 탈무드, 영원히 살 것처럼 배우고 내일 죽을 것처럼 살라 …… 157

탈무드 황금률 방법(동서문화사, 2002) | 영원히 살 것처럼 배우고 내일 죽을 것처럼 살아라(함께북스, 2011) | 탈무드 유머(미래문화사, 2008) | 탈무드 잠언집(토파즈, 2008)

Week 30_ 이슬람교 …… 162

상식으로 꼭 읽어야 할 이슬람(삼양미디어, 2012) | 십자군 이야기(문학동네, 2012) 3권 | 그림으로 보는 십자군 이야기(문학동네, 2011) | 처음 읽는 터키사(휴머니스트, 2012)

Week 31_ 힌두교의 나라 인도의 철학 …… 168

틈(큰나무, 2004)

[예술]

Week 32_ 메트로폴리탄 박물관에서 산 특별한 도록(圖錄) … 172

Art is(메트로폴리탄 박물관)

Week 33_ 괴테의 말, 니체의 말 …… 178

초역 괴테의 말(삼호미디어, 2012) | 초역 니체의 말(삼호미디어, 2011) | 세상을 보는 지혜(동지, 1991) | 인생잠언(세종서적, 2008) | 동·서양 네 글자로 끝내라(샘앤파커스, 2011)

Week 34_원 소스 멀티 유즈 …… 183

레 미제라블(민음사, 2012) | 웃는 남자(열린책들, 2011) | 위대한 개츠비(문학동네, 2009) | 백설공주(예림아이, 2012) | 헨젤과 그레텔(비룡소, 2009)

Week 35_교양과 지식, 재미가 넘치는 교양 만화의 세계로 … 187

미스터 초밥왕 전 14권(학산문화사, 2005) | 신의 물방울(학산문화사, 2005) | 수호지 전 20권(자음과 모음, 2008) | 그대를 사랑합니다 전 3권(문학세계사, 2009) | 식객 전 27권(김영사, 2010) | 먼 나라 이웃나라 전 16권(김영사, 2013)

[문화]

Week 36_서로 다름을 이해하는 문화 간 커뮤니케이션 … 192

우리가 몰랐던 세계 문화(인물과 사상, 2013)

Week 37_서양인은 보려 하고 동양인은 되려 한다 …… 196

동과 서(지식채널, 2012) | 생각의 지도(김영사, 2010)

Week 38_발칙한 미국 문화 …… 200

발칙한 미국학(21세기북스, 2009) | 처음 읽는 미국사(휴머니스트, 2010)

Week 39_똑똑한 사람들조차 알고도 저지르는 생각의 오류 … 205

스마트한 생각들(걷는나무, 2013)

일반 상식 뒤집어 보기

[독서]

Week 40_ 인문의 숲에서 경영을 묻다 ······ 211

'○○ 읽는 CEO' 시리즈(21세기북스) | CEO 인문학(책만드는집, 2009) | 인문의 숲에서 경영을 만나다(21세기북스, 2007)

Week 41_ 독서-매서-차서-방서-초서-장서-저서(독서의 단계) ··· 216

독(毒)과 도(道)(북노마드, 2012) | 책은 도끼다(북하우스, 2011) | 빌린 책 산 책 버린 책(마티, 2010) | 책, 세상을 경영하다(평단, 2009)

Week 42_ 저서(著書), 자신의 글을 출판하려면 ······ 221

디지털 시대의 책 만들기(한국출판마케팅연구소, 2001)

Week 43_ 우리 사회 소외되고 알려지지 않은 이야기 ······ 226

지식e 시리즈(북하우스)

Week 44_ 역사적 오류와 생활 상식의 오류들 ······ 230

상식오류사전(경당, 2001) | 세계사 오류사전(연암서가, 2010) | 세계를 속인 거짓말(뜨인돌, 2010)

[건강]

Week 45_ 많이 먹으면 혀가 즐겁고, 적게 먹으면 인생이 즐겁다 ······ 234

내추럴리 데인저러스(다산초당, 2008) | 당신이 몰랐던 식품의 비밀 33가지(경향미디어, 2012) | 건강보조식품 알고 먹읍시다(종문화사, 2003) | 나이가 두렵지 않은 웰빙건강법(조선일보사, 2004)

Week 46_ 과식, 포식, 절식에서 소식으로 ······ 238

생로병사의 비밀(가치창조, 2004) | 스포크 박사의 육아 일기(정음문화사, 1988) | 한국인의 100세 건강의 비밀(비타북스, 2011) | 한국인 무병장수 밥상의 비밀(비타북스, 2011)

Week 47_ 골프도 독학이 가능해진 시대 …… 243

단숨에 100타 깨기(새빛북스, 2011) | 골프도 독학이 된다(양문, 2012) | 하비 페닉의 리틀 레드 북(미디어, 2010)

Week 48_ 글로벌 시대 흥미로운 영어 공부법 …… 248

나의 영어는 영화관에서 시작되었다(웅진지식하우스, 2009) | 20대, 나만의 무대를 세워라(위즈 덤하우스, 2008) | 꼬리에 꼬리를 무는 영어(디자인하우스, 1993)

[힐링]

Week 49_ '느림'의 화두 …… 253

느리게 산다는 것의 의미(동문선, 2000) | 속도에서 깊이로(21세기북스, 2011)

Week 50_ 힐링, 육체의 병보다 마음의 병을 치료해야 할 때 … 258

멈추면, 비로소 보이는 것들(쌤앤파커스, 2012) | 힐링 소사이어티(한문화, 2001) | 현문우답(중앙 북스, 2011)

Week 51_ 제2의 인생, 나는 이렇게 늙고 싶다 …… 262

나는 이렇게 늙고 싶다—계로록(戒老錄)(리수, 2004) | 당당하게 늙고 싶다(리수, 2011) | 지적으로 나이 드는 법(위즈덤하우스, 2012) | 중년수업(위즈덤하우스, 2012) |아름답게 나이 든다는 것 (눈과마음, 2008) | 나이 들지 않으면 알 수 없는 것들 | 나이 듦에 대하여(웅진닷컴, 2001) | 나는 치사하게 은퇴하고 싶다(청림출판, 2010) | 나는 죽을 때까지 재미있게 살고 싶다(갤리온, 2013)

Week 52_ 나도 희망한다(Spero), 너도 희망하라(spera) … 267

잊혀진 질문(명진출판, 2012) | 희망의 귀환(위즈앤비즈, 2013)

에필로그 …… 272

프롤로그

어느 날 책을 읽다가 문득 한 구절이 나의 가슴을 '꽝' 하고 쳤다.

『관독일기(觀讀日記)』는 1764년 9월 9일부터 11월 30일까지 93일간 하루도 거르지 않고 쓴, 조선시대 독서가인 학자 이덕무가 『북천일록(北遷日錄)』을 보고 시작한 독서일기다.

한 시대의 교양인으로 살아가기 위해 수많은 노력이 필요한데 그 중에서도 단연 독서가 중요한 자리를 차지하고 있는 것은 사실이다. 예전의 교양인인 선비는 문(文)·사(史)·철(哲)을 배우고, 시(詩)·서(書)·화(畵)를 즐겼다고 한다. 요즘 표현으로 하자면 선비는 문화인 또는 교양인 정도가 될 것이다. 영어로는 'Gentleman'이 되지 않을까 싶다.

　현대의 선비, 즉 우아한 교양인이 되기 위한, 이덕무 선생과 같은 도전을 해보고자 한다. 무릇 모든 도전은 힘들지만 그 자체만으로도 해볼 가치가 있는 아름다운 것이기에 무작정 시도했다. 책 한 권을 읽고 내용을 간단히 정리하는 초록의 형태가 아니라, 책에서 받은 필자의 감성을 표현하기로 했다. 그리고 옛 선비가 함양했던 '문·사·철·시·서·화'라는 여섯 항목에 비추어 골고루 책을 선택하기로 했다.

　매주 새로운 책을 읽고 평을 쓰기란 말처럼 쉽지 않다. 그래서 꼭 그 주에 읽은 책만을 대상으로 하는 것이 아니라, 이전에 읽은 책도 잘 활용해 매주 한 편의 독서평을 작성하기로 했다. 그것을 52주 동안 필자의 홈페이지에 의무적으로 게재했다. 이는 자신과의 약속을 지켜나가는 증표로 삶기 위함이다. 결국 2012년 5월 11일에 시작한 독서일기는 2013년 5월 6일, 52주간의 대장정을 끝냈다.

　이를 다시 정리해 하나의 책으로 세상에 알린다. 1부에서는 먼저 우리 역사를 제대로 이해하고 우리의 정체성을 알고자 했다. 2부에서는 이웃 특히 중국의 사상을 다시 한 번 조명해 보고자 했다. 3부에서는 철학과 종교의 원류인 서양철학을 다른 각도에서 들여다본다. 마지막 4부에서는 평소 알고 있는 상식에 대한 고정관념들을 뒤집어 보는 장으로 구성했다. 52주 동안 소개되는 이 책들은 대부분 필독 핵심 고전이 아니라 고전에 대한 평론 또는 해설서들이다. 이는 대개 기존의 시각과는 다른, 주변에서 보는 핵심을 조명한 것들이다.

독자들은 이 책을 꼭 목차 순서대로 읽을 필요는 없다. 마치 소가 들판에서 자기가 좋아하는 풀만 골라 먹는 것처럼, 각자의 취향에 따라 필요한 부분을 브라우징(browsing)해서 읽어도 좋다. 그리고 또 필자의 책이 계기가 되어 독자들 역시 스스로 주제를 설정해 책을 선택하고, 자신의 생각을 정리하게 되는 하나의 자극이 되었으면 하는 바람이다. 독자의 이해를 돕기 위해 만든 '인물 정보'는 책에 실린 저자 정보 및 백과사전을 활용해 객관적으로 작성했다.

먼저 삶의 지혜를 배우고, 그 다음 인생을 즐기기를 바란다.

2013년 6월 남십자성의 나라의 석산제(皙山齊)에서

Part 1
Spring

우리 역사 바로 보기

Week 1

우리의 뿌리, 고대사를 찾아서

첫 주의 책을 무엇으로 할까 많이 고민했다. 아무래도 우리의 이야기를 그 시작으로 잡고 싶었다. 가까운 근대사도 제대로 알지 못하는 우리의 현실에서 4,000년 전 우리나라의 상고사를 잘 알기는 더욱 어렵다. 일선 학교에서조차 국사교육을 축소하고, 국가공무원시험 및 국비유학시험에서도 예전에는 필수과목이었던 국사 과목을 도외시하는 실정이어서, 일반인들은 우리 상고사에 별로 관심을 두지 않는다.

우리의 뿌리에 해당하는 상고사에 대해서는 학창시절 교과서에서 배운 게 전부다. 단군신화 아니면 고구려 건국신화 정도를 알 뿐이다. 그나마 최근 텔레비전 드라마에서 주몽, 대조영, 근초고왕, 광개토왕 등 몇몇 인물들을 다루어서 이름 정도만이라도 알 수 있는 게 천만다행이다. 그러나 드라마는 신화를 바탕으로 한 것이고, 신화는 역사가 아니다.

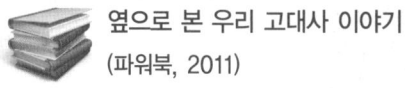
옆으로 본 우리 고대사 이야기
(파워북, 2011)

최근 '옆으로······', '거꾸로······', '······가짜다' 하는 약간 희한한 제목의 책들이 서점에 나왔다. 그 중에서 관심을 끄는 책은 『옆으로 본 우리 고대사 이야기』이다. 535 페이지나 되는 상당한 분량으로, 책에 많은 노력을 들인 흔적이 있지만 상업적으로 성공하지는 못했다. 초판도 다 팔리지 않은 채 묻혀버렸다. 그런데 책의 저자 홍순만의 이력이 아주 독특하다.

외국계 컴퓨터 회사에서 근무하고, 한 통신사의 부사장으로 재직한 후 『흠정만주원류고(欽定滿洲源流考, 중국 청나라 때의 만주 풍속 지리지)』 교정 작업에 참여한 뒤 이 책을 집필했다. 역사 전공자가 아닌 일반인이 고대사를 연구해 책을 냈다는 점이 매우 흥미롭다. 관련 자료는 10여년 이상 준비했지만, 책 자체는 약 1년에 걸쳐 작업한 결과물이다. 재미나 흥미 요소가 두드러지는 책은 아니지만 우리 선조의 역사가 마치 파노라마처럼 펼쳐지는 것을 느낄 수 있다.

우리 선조가 은(殷)나라에서 넘어왔는지 아닌지 하는 것은 중요한 문제가 아니다. 초기 부여시대의 광활한 북방지역, 그리고 고구려 서쪽으로의 영토 확장, 백제 근초고왕의 남방 일본과 중국 강남까지 펼쳤던 국력의 변화를 보면 자못 흥분된다. 우리 선조들이 한반도에만 국한되지 않고, 연해주는 물론 만주 그리고 북경 근처까지 세력을 넓혔다는 사실이 매우 중요하다.

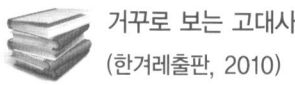
거꾸로 보는 고대사
(한겨레출판, 2010)

또 하나 소개하고 싶은 책은 러시아 한인교포인 박노자(朴露子)가 쓴 『거꾸로 보는 고대사』이다. 이 책의 저자 이력 역시 특이하다. 박노자의 본명은 블라디미르 티호노프로, 모스크바대학교에서 가야 역사를 공부해 박사학위를 받은 재원이다. 한국으로 귀화한 후 은사의 성씨 박(朴)과 러시아 사람이라는 의미의 노(露) 자, 아들 자(子)를 써서 이름을 지었다.

앞서 소개한 책이 북방 민족을 중심으로 다룬 데 비해 이 책은 주로 백제와 가야 그리고 일본에 걸친 남방을 고찰했다는 점이 돋보인다. 그동안 승자 중심의 역사에 묻혀버린 가야 역사를 조금이라도 밝힌 것이 큰 성과라고 할 수 있다. 또 꾸준히 제기되고 있는 일본 왕실의 백제 후손설도 미약하나마 흔적을 찾았다고 할 것이다. 비록 패했지만, 백제의 부흥을 위해서였든 아니면 일본 황실의 형제를 돕기 위해서였든 일본이 대군을 파병했다는 사실도 주목할 만하다.

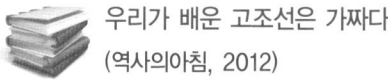
우리가 배운 고조선은 가짜다
(역사의아침, 2012)

세 번째로 소개할 책 『우리가 배운 고조선은 가짜다』의 저자 김운희는 고대사 연구가이다. 고조선은 중국의 전설시대부터 엄연히 존재했으며, 기원전 7세기에는 춘추 5패(覇)나 전국 7웅(雄)과 같은 국가 형태를 유지해왔다는 것도 중국 역사에 나온 사실이다. 기원전 4세기에는 연(燕)나라와 경쟁했고, 기원전 3세기에는 진(秦)과 국경을 맞대고 화평을 유지했다. 고조선은 기원전 108년 한무제에게 멸망했다. 그 후 북으로는 선비오환(鮮卑烏桓)에 의해 지속적으로 부활·계승되어 북위제국이 되었으며, 남으로는 고구려, 신라로 계승되었다.

고조선이 지니는 역사적 쟁점 중 핵심적인 것 하나는 '패수(浿水)' 문제이다. 고조선의 중심을 어디로 보느냐에 따라 두 가지 견해가 있다. 평양의 대동강으로 보는 경우(이병도)와 중국 요동으로 보는 경우(신채호)이다. 그동안 이병도의 보수학파가 우리 역사계를 주도해왔기 때문에 전자 쪽이 정설이었다. 그러는 바람에 우리 고대의 강토가 한반도에 국한되고 말았다. 그러나 중국의 여러 정사를 참고해 보아도 고조선의 중심이 대동강이 아닌 중국의 요하 지방, 란하(灤河)가 맞다는 주장이 설득력을 지닌다. 만리장성이 산해관에서 끝난 점, 당 태종이 연개소문에게 쫓겨 숨었던 감은사의 위치(북경 이남) 등 고조선을 중심으로 한 북방 고대국가가 대동강 주변의 평양 중심이었다고 설명하기에는 불가능한 것들이 너무도 많다.

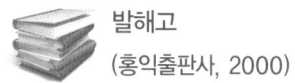
발해고
(홍익출판사, 2000)

이런 쟁점 외에도 우리에게는 잃어버린 역사, 즉 발해와 탐라가 있다. 발해에 관한 책은 지금까지 단 한 권만 전해진다. 조선시대 유득공이 1784년에 쓴 『발해고』이다. 이 책은 발해의 역사(歷史)서가 아니고 그저 개인이 고증한 자료집인 '고(考)'이다. 발해의 왕, 신하, 지리, 관청 및 관직, 의식 및 복장, 물산, 국어, 국서, 후예국가에 대한 고찰이다. 발해는 1대 고왕 대조영이 713년에 세워 15대왕 대인선에 이르기까지 228년간의 역사를 마감하고, 926년에 멸망한 것으로 알려져 있다. 발해의 멸망은 10세기 초 938년경에 일어난 백두산 폭발과 밀접한 연관이 있다고 보고 있다.

통일 신라와 함께 우리의 땅을 남북으로 나누어 통치했던 발해의 역사는 중국의 동북공정으로 인해 중국 역사에 편입되고 있다. 또한 기원전 1세기경 생겨 6세기경 신라에 의해 멸망했고, 고려 시대에 완전히 사라진 탐라국에 대한 기록으로는 신라시대 황룡사 구층탑에 새겨진 것이 유일하다. 황룡사 구층탑은 7세기경 신라 선덕여왕 때 이웃한 아홉 나라의 침략을 막고자 세워졌는데, 탐라국은 서열 4위로 나타나 있다.

중국은 갈수록 팍스 시니카(Pax Sinica, 중화패권주의)에 대한 열망이 강렬해지고 있다. 특히 한국에 대해서는 동북공정과 백두산공정, 탐원공정과 요하문명론에 이르기까지 한국 반만 년 역사공동체의 뿌리마저

뒤흔들고 있다.

2006년 한국청소년개발원이 한·중·일 3국 청소년을 대상으로 설문조사를 했다. '전쟁이 난다면 어떻게 할 것인가?' 라는 질문에 대해 '앞장서 싸우겠다' 라는 응답은 일본 41.4%, 중국 14.4%, 한국 10.2%로 나타났다. '외국으로 출국하겠다' 라는 응답은 한국 10.4%, 중국 2.3%, 일본 1.7%라고 한다. 국가에 대한 자긍심은 중국이 가장 높았고 다음은 한국, 일본 순이었다.

이처럼 우리 후대의 역사의식이 빈약하고 안팎으로 어려운 시기에 한국인의 역사를 한반도에 고착시키려는 보수사학계의 시각은 교정되어야만 한다. 반면, 고조선이 전 중국, 나아가 아시아를 지배한 듯 지나치게 과장하려는 '환단고기(桓檀古記)' 류의 시각 역시 바로잡아야 한다. 오직 역사적 사실에 입각하여 철저한 정사를 기반으로 한 문헌을 중심으로 우리의 역사를 바르게 알려야 한다.

'나라는 몸과 같고 역사는 혼과 같다(國猶形 史猶魂)' 는 고려 말 이암 선생의 말씀대로 우리의 혼인 역사를 바로 알고 찾아야 할 필요가 있다.

인물 정보

홍순만

강릉에서 출생, 강릉고등학교와 서울대학교 항공학과를 졸업했다. 군복무를 마치고 한국IBM에 입사한 후 컴팩코리아, 한국HP를 거쳐 한국 사이베이스 지사장을 역임하는 등 다국적 IT기업에서 오랫동안 직장생활을 했다. 직장생활 중 헬싱키경제경영대학원 eMBA 과정을 마쳤다. 하나로텔레콤(현 SK브로드밴드) 부사장으로 재직한 이후 『흠정만주원류고』 교정 작업에 참여하면서 평소 갖고 있던 동북아 고대사에 대한 생각을 다듬을 수 있었다.

Week 2

우리 역사에서 숨겨진 102개의 에피소드

　흔히들 텔레비전은 바보상자라고 한다. 주로 막장 드라마만 보고 시청자들이 멍청해지기 때문이다. 하지만 텔레비전에 그러한 역기능만 있는 것은 아니다. 생생한 뉴스의 현장 소식이라든지 다큐멘터리 등의 교양 프로그램은 유익하다.

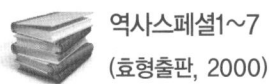
역사스페셜1~7
(효형출판, 2000)

　공영방송 KBS의 교양 프로그램 중 지속적으로 인기를 끌고 있는 게 있다. 바로 〈KBS 역사스페셜〉이다. 숨겨진 우리 역사의 뒷이야기나 미확인 사실을 취재해 소개하는 프로그램으로 상당히 유익하다. 그러나 주말 시간에 편성되어 있어 바쁜 직장인들은 좀처럼 시청하기가 쉽지 않다. 이러한 단점을 보완하기 위해 나온 것이 바로 『역사스페셜 1~7』이다. 2000년에 1권을 발간해 2004년 7권으로 완결본을 냈다. 그런데 2011년에 11쇄를 찍을 정도로 아직도 인기가 높다. 텔레비전 프로그램은 시간을 놓치면 볼 수 없지만, 언제고 편한 시간에 다시 볼 수 있는 것이 책이 가지고 있는 좋은 점이라고 할 수 있다.

금년 1월에 전집을 구입해 1권을 읽기 시작해서 지난주에야 전 7권을 다 읽었다. 장장 5개월에 걸쳐 읽은 셈이다. 물론 중간 중간 다른 책에게 우선권을 빼앗기기도 했지만 포기하지 않고 완독했다. 한 가지 사건씩 다룬 것이어서 장편소설처럼 연속해 읽을 필요가 없기 때문이다. 일단 각 권의 부제가 눈을 끌었다.

1. 고대사의 흥미진진한 블랙박스들
2. 가야인도 성형수술을 했다
3. 조선판 〈사랑과 영혼〉
4. 평양성 난공불락의 비밀
5. 미스터리 인물들의 숨겨진 이야기
6. 전술과 전략 그리고 전쟁, 베일을 벗다
7. 종이로 만든 보물창고

일곱 권의 책에서 총 102개의 에피소드를 다루고 있다. 그동안 국사교과서에서는 숨겨진, 잃어버린 역사를 새로 읽은 것이다. 역사에는 정사(正史)와 야사(野史)가 있고, 결국 정사와 야사가 합쳐져 우리의 역사가 된다. 정사가 통치자 중심으로 이루어졌다면 야사는 민중에 의해 전해진다. 정사와 야사로 가장 대표적인 것이 김부식의 『삼국사기(三國史記)』와 일연의 『삼국유사(三國遺事)』이다. 그러나 이들 역시 삼국시대의 한 부분을 다룬 것에 지나지 않는다.

『역사스페셜』이 다루는 것은 비록 한 사건을 중심으로 찾아낸 역사의 편린들이지만, 새로운 사실이 하나 둘 과학적으로 증명되고 있다는 점을 높이 살 만하다. 블랙박스 같은 고대사의 비밀들이 철저한 고증과 탐험으로 밝혀지고, 기록에 남지 않은 민중들의 이야기도 새롭게 조명되었다. 특히 우리 역사에서 가려진 가야에 대한 사실들은 역사가 얼마나 승자 중심이었는지를 알게 해준다.

3권에는 전문직과 서민에 관한 이야기가 많이 수록되어 있다. 4권은 북한의 문화유산을 중점적으로 다루었다. 능과 왕궁, 그리고 성에서 얻은 고증자료가 돋보였다. 5권은 인물 중심으로 구성되었는데 『춘향전』에 나오는 이몽룡이 실존인물을 모델로 한 것이라는 사실이 흥미로웠다. 전쟁을 다룬 6권은 신라의 신무기 노(弩)와 고려의 해군력 등을 중심으로 엮었다. 최근 프랑스에서 약탈해 간 『조선 왕실 의궤』가 임시대여 형태로 우리에게 돌아왔지만, 완결판인 7권에서는 우리 기록문화의 결정판 『승정원일기』가 『조선 왕실 의궤』 못지않게 세계에 자랑할 만한 것이라는 점을 다루었다.

숨겨지고 묻힌 역사가 비단 이것뿐이겠는가. 숨겨지고 잊힌 역사는 상당 부분 일제 식민사관에서 시작된 것이라는 점을 기억해야 한다. 우리의 역사인데도 불구하고 잊힌 나라, 옛 고구려의 후손이 세운 발해와 탐라국도 기억해야 한다.

중국이 동북공정을 통해 발해를 속국으로 폄하하고 자신의 역사에 편입시키려는 데 대해, 우리 스스로는 우리 역사를 통일신라시대라고 축소해 부르기보다는 남북국, 즉 통일신라와 발해시대로 정리하는 것이 맞을 것 같다. 또 기원전 약 1세기에 나타나 6세기에 신라에 복속되고 고려시대에 멸망한, 약 10세기 정도 존속했던 탐라국에 대한 탐구도 계속되었으면 하는 바람이다.

물론 작은 사실 하나로 유구한 역사를 바꿀 수는 없다. 하지만 이런 작은 조각들을 모아서 우리 역사를 바로잡고 더욱 튼튼하게 보강할 필요는 있다. 그런 측면에서 우리가 찾아 후손에게 올바르게 알려줄 우리의 역사는 무궁무진하고, 역사에 대한 우리의 책임 또한 크다. 누구의 잘못을 탓하기보다는 객관적인 사실을 증명함으로써 올바른 역사를 알게 하는 것이 더 중요하다.

고고학의 열악한 환경에서 〈KBS 역사스페셜〉 팀의 끝없는 탐구정신과 도전에 찬사를 보낸다. 앞으로도 새로운 사실을 지속적으로 발굴해 좋은 프로그램을 만들고 더불어 책으로도 엮어 제2시리즈를 선보이기를 기원한다.

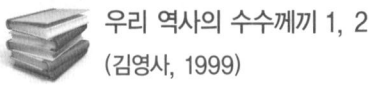
우리 역사의 수수께끼 1, 2
(김영사, 1999)

『역사스페셜』과 더불어 우리 역사의 편린들을 모은 책으로 이덕일 · 이희근의 『우리 역사의 수수께끼 1, 2』가 있다. 우리 역사를 바꿀 또 다른 64가지의 오해와 진실들을 1부 고대, 2부 고려, 3부 조선, 4부 근 · 현대로 나누어 다루었다.

프로그램 정보

KBS 역사스페셜

1998년 10월 〈무용총, 고구려가 살아난다〉로 첫 방영을 시작한 이래 우리 문화유산에 대한 재조명과 영상 복원 작업으로 열렬한 호응을 얻은 KBS 1텔레비전의 〈역사스페셜〉. 새로운 시각으로 역사 속 인물과 사건에 입체적으로 접근하여 한국 다큐멘터리 역사에 새로운 장을 열어간 것으로 평가된다.

이를 책으로 엮은 『역사스페셜』은 방영 당시의 내용을 충실히 되살리는 한편 시각자료를 충실히 보완해 새로 구성하고 편집하였다. 영상과는 또 다른 읽는 재미와 보는 즐거움을 느낄 수 있다. 2000년 6월 1권이 나온 이래 7권으로 완간되었다.

Week 3

독도영유권을 둘러싼 한일 간 법정 공방전

 이번 주는 따끈한 책이 아니라 따끈한 영화 이야기로 시작하려 한다. 영화 〈은교〉는 선정적인 장면이 눈요기는 되었지만, 그보다 박범신의 소설 『은교』(문학동네, 2010)를 영화화한 것이어서 보러 갔다. 줄거리와 영상미는 나름대로 만족할 만했다. 소설은 소설대로 작가와 독자가 무한한 상상의 나래를 펼 수 있게 하지만, 영화는 영화대로 영상미와 절제미가 어우러지면서 상황 전개가 뚜렷해 전체를 읽는 재미도 있다.

 책과 영화의 관계는 불가분이다. 동일한 스토리를 문자화하면 책이 되고, 영상으로 만들면 영화가 된다. 책이 먼저 나오는 경우가 많지만 더 유명해지는 것은 대개 영화가 되어서이다. 어찌 되었든 영화나 소설은 다 같은 콘텐츠(contents) 산업이고, 이는 요즈음 떠오르는 창조경제의 핵심이며 성장하는 이머징 마켓(emerging Market)이다.

요즈음 일본의 망언과 추태는 극에 달하는 것 같다. 위안부 문제 정당화, 침략의 정의 왜곡 등 말도 되지 않는 소리로 주변국들의 심사를 뒤흔들어 놓고 있다. 우리의 가깝고도 먼 이웃 일본은 주변국들과 끊임없는 영토분쟁을 하느라 바람 잘 날이 없다. 러시아와는 쿠릴열도, 중국과는 조어도, 필리핀과도 역시 해상 영토분쟁 중이다. 그중 가장 뜨거운 것이 바로 독도이다.

일본은 잊을 만하면 다시 거론해 지속적으로 분쟁을 일으켜 해당 영토가 한 나라로 귀속되는 것을 막으려는 지연작전을 쓰고 있다. 우리나라는 최근 IMO(국제해사기구) 총회에서 지명 병기 문제로 일본과 힘겨루기를 했지만 별 소득이 없었다. 간교한 일본, 음흉한 중국 그리고 자국의 이익에만 치중하는 미국 등 주변 강대국 속에서 우리나라가 얼마나 위험한 곡예를 하고 있는지 잘 알아야 한다.

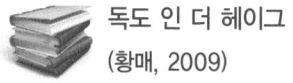

독도 인 더 헤이그
(황매, 2009)

독도에 관해서는 공식적인 외교보다 민간 활동이 더 활발하게 이루어지고 있다. 독도 지킴이인 가수 김장훈의 활동이나 민간단체 반트(VANTT)의 노력은 매우 높이 살 만하다. 그리고 이들의 활동 못지않은 역할을 해내는 것이 바로 이 책, 『독도 인 더 헤이그』라고 생각한다.

작가의 이력이 조금 특이하다. 정재민은 서울대학교 법대를 졸업하고 제42회 사법시험에 합격해 제32기 사법연수원 과정을 마친 뒤 판사로 일하다가 외교통상부에 들어갔다. 외교통상부에 들어간 계기가 된 것이 바로 이 책이다. 당시 외교부장관이 『독도 인 더 헤이그』를 보고 '이 책의 작가 같은 사람이 외교부에 와서 독도 분쟁을 맡아야 한다' 라며 특채를 했다.

이 소설의 스토리는 역사적 미스터리 추적과 독도영유권을 둘러싼 한·일간 법정 공방전이다. 국정원 요원 최서준은 역사소설가 이형준으로부터 『가락국기』라는 고문헌을 확보하라는 상부의 명령을 받고 일본에 파견된다. 최서준은 국제회의장에 침투해 이형준에게 접근하지만 갑자기 나타난 일본 괴한들에게 납치를 당하고, 이형준은 나중에 의문의 사체로 발견된다. 한편 일본은 독도에 군대를 배치하겠다는 한국정부의 선언 직후 자위권 발동을 이유로 함대를 파견해 독도를 포위한다. 독도를 빼앗으려는 일본 극우조직과의 한 판 승부, 급기야는 일본이 헤이그 국제사법재판소에 소송을 제기해 법리 논쟁도 뜨겁다. 마지막은 마치 해리슨 포드 주연의 영화 〈레이더스〉에 나오는 미로 동굴 같은 곳에서 『가락국기』를 찾아내고, 최후의 혈투를 벌인 뒤 통쾌하게 승리하는 장면이다.

해외 작가들의 작품은 영화화하여 흥행에 성공한 것들이 꽤 많다. 가장 대표적인 것으로 댄 브라운의 〈다빈치 코드〉와 〈천사와 악마〉, 조앤 롤링의 〈해리포터〉 시리즈 그리고 톨킨의 〈반지의 제왕〉 등이 있다. 국내에서도 블록버스터급 영화가 많이 제작되고 있고, 흥행에도 성공하는 경우가 많다. 국내의 많은 책들이 영화로 만들어졌으며 현재도 준비 중인 것들이 많다. 소설 『독도 인 더 헤이그』는 해박한 고증과 국제법률 지식은 물론 암호 해독과 반전, 스릴과 판타지가 적절히 어우러져 있어 스토리 구성도 탄탄하다. 가히 〈다빈치 코드〉에 비견할 만한 블록버스터급 영화로 만들어도 손색없을 것 같다. 그런데 왜 영화화하지 않는지 궁금하다. 외교 문제 때문일까? 아니면 흥행을 자신하지 못해서일까? 한 가지 더 안타까운 것은, 이 책은 현재 절판되어 구해 보기가 쉽지 않다는 점이다.

인물 정보

정재민

필명 하지환, 본명 정재민은 서울대학교 법대를 졸업하고 제42회 사법시험에 합격하여 제32기 사법연수원 과정을 마친 뒤 판사로 일하다가 외교통상부에 들어갔다. 그 계기가 된 것이 바로 소설 『독도 인 더 헤이그』이다. 당시 외교부장관이 이 책을 읽고 '이 책의 작가 같은 사람이 외교부에 와서 독도 분쟁을 맡아야 한다'며 특채를 했다. 그는 사법연수생생 시절 아마추어 작가로 단편소설 「배려」를 써 공무원문예대전에서 입상했다. 그 후 사법연수생들의 치열한 생활을 그린 소설 『사법연수생의 짜장면 비비는 법』을 펴냈다. 이 작품은 KBS 라디오극장 극화로 방송되었고, 드라마 제작사가 판권을 샀다. 2009년 하지환이라는 필명으로 한일 간 독도 국제소송을 다룬 장편 『독도 인 더 헤이그』를 펴냈다. 『소설 이사부』로 제1회 포항국제동해문학상을 수상했다.

Week 4

눈과 마음과 배가 모두 즐거운 우리 문화유산 답사

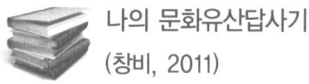
나의 문화유산답사기
(창비, 2011)

우리 문화유산의 전도사인 전 문화재청장 유홍준이 쓴 한국인의 교양필독서 『나의 문화유산답사기』 전집을 읽었다. 이 책은 1993년 1권을 필두로 1994년에 2권, 1997년에 3권, 그리고 1998년의 북한답사기를 거쳐 2011년 제6권이 새롭게 개정·증보되어 나왔다. 약 20년 동안 이렇게 스테디셀러로 자리 잡은 책은 흔치 않다. 게다가 유명 소설도 아닌, 재미가 별로 없는 인문학 도서로서는 거의 전례가 없다고 본다. 저자는 이 책 외에도 『국보』, 『화인 열전 1, 2』 등 우리 문화에 대한 좋은 책들을 많이 썼다.

십수 년 동안 출간될 때마다 한 권 한 권 음미해왔지만, 2차로 개정

해서 출간한 전집 6권을 구입해 한꺼번에 완독하는 것 또한 다른 묘미가 있었다. 일단 초판에 비해 모든 화보가 컬러로 바뀌었다. 그리고 이전의 오류 및 미진한 부분이 보완되었으며, 특히 그동안 개발 때문에 흉물화된 문화재들을 지적해 시대감각도 같이 느낄 수 있어서 좋았다. 전집 중 가장 핵심적이라고 할 수 있는 첫 번째 책과 최근에 출간된 책, 그리고 북한 지역을 답사한 것을 읽고 나니 문화유산에 대한 나의 생각이 많이 바뀌었다.

통상 유적지 하면 경주이고, 볼거리가 가장 많이 남아 있는 곳은 서울(한양)이다. 그런데 이 두 곳을 피하고 강진의 남도를 그 첫 번째 답사지로 잡은 것이 특이했다. 경상도에는 유학자들이 많았지만, 남도는 많은 유명 문인들이 귀양 가서 살았던 것이 사실이다. 그래서 남도를 흔히 예향(藝鄕)이라고 부르기도 한다. 우리가 익히 아는 윤선도, 김정희, 정약용 등이 그곳 귀양지에서 뿌린 문화유산들 덕이다. 그중 한국의 다빈치라고 부를 수 있는 조선 후기 실학파 문인 다산 정약용이 귀양살이하던 강진을 기점으로 제1권 '남도 답사 일 번지'의 답사가 시작된다. 저자는 미술 평론가로, 특히 불교 미술에 조예가 깊어 주로 절을 중심으로 답사 코스가 설계되었다.

제4권 북한 편 '평양의 날은 개었습니다'를 보면서 문화를 지키는 데에는 우리가 북한보다 못하다는 생각이 들었다. 물론 체제 선전용이기는 하지만, 그래도 자국의 문화와 역사관을 고수해 나가려는 북한의 노력은 높이 살 만하다. 특히, 인민들에게 묘를 개방하라는 상부의 특별 지시를 거절한 북한의 문화 지킴이는 존경스러울 정도다. 개발과 보존이라는 서로 상반된 개념을 어떻게 슬기롭게 조화시키느냐 하는 것이 내게 있어 큰 화두로 떠올랐다.

최신간인 6권 '인생도처유상수'는 기존 패턴과는 조금 다르게 경복궁을 중심으로 엮었다. 저자는 경회루를 일반에게 공개하고 연회 장소로도 사용하자는 의견을 보인다. 일반이 참관할 수 있도록 하자는 것에 대해서는 동의하지만, 연회용으로 사용하자는 주장에 대해서는 조금 다른 의견을 가지고 있다. 그렇게 된다면 문화재가 훼손될 것은 불 보듯 뻔하다. 선암사의 화재를 막기 위해 석등까지 치울 정도로 세심한 저자가 어째서 이런 주장을 했을까 하는 생각이 들었다. 서구의 사례를 들어 당위성을 강조하고 있지만 지나친 논리의 비약인 것 같다. 서구의 유적지는 대부분 석조로 지어진 것이기 때문에 훼손이 적지만, 우리 건물은 목조 건물이어서 쉽게 훼손되기 때문이다.

저자는 최근 『나의 문화유산답사기 7』(창비, 2012)을 출간했다. 이 책은 잊혀져가는 섬, 탐라국의 역사와 현재를 답사했다. 제주도에는 바람, 돌, 여자가 많아 삼다도(三多島)라 하고, 도둑, 거지, 대문이 없다고 해 삼무(三無)라고 한다. 여기에 더해 제주에는 삼보(三寶)가 따로 있다. 그것은 자연, 민속, 언어이다. 2007년 6월 27일 뉴질랜드 크라이스처치에서 열린 유네스코 세계유산위원회 31차 총회에서 제주 화산섬과

거문오름 용암동굴계가 만장일치로 세계자연유산에 등재되었다.

이 책을 모두 읽고 난 뒤 새삼 느꼈다. 남북을 통틀어 우리나라는 전 국토가 박물관이다. 저자 말대로 '아는 만큼 느낀다'라는 생각이 들었다. 무심히 지나치는 절간의 돌과 석탑 그리고 현판들이 모두 사연을 가지고 있다. 외형을 보는 것도 중요하지만 그에 얽힌 역사나 스토리, 즉 콘텐츠(contents)를 알고 보면 그 의미가 더 깊고 새롭다.

같은 동양문화권이지만, 한국과 일본 그리고 중국의 문화적 차이도 조금 알게 되었다. 우리나라는 석탑의 나라, 중국은 전탑(벽돌탑)의 나라, 일본은 목탑(나무탑)의 나라이다. 또 세 나라의 정원도 조금씩 다르다. 한국의 정원미는 중국처럼 인공에 의해 창조하는 것도 아니고, 일본처럼 자연을 주택의 마당에 끌어들여 자연의 주인 행세를 하는 것도 아니다. 한국 정원의 이상은 소박함으로 돌아가는 것이다.

저자는 '답사에는 세 가지 큰 즐거움이 있으니 하나는 일상에서 벗어나는 기쁨이요, 하나는 아름다운 자연과 문화유산을 보는 기쁨이요, 하나는 맛있는 향토음식을 먹는 기쁨이다'라고 했다. 눈과 마음과 배가 모두 즐거운 게 바로 답사이다. 꼭 문화재청장이어서가 아니라 저자가 가진 우리 문화유산에 대한 사랑은 깊고 남다른 것 같다. 나머지 두 권도 금주 내 완독할 것 같다. 모처럼 우리 문화유산에 흠뻑 젖어들고 있다.

인물 정보

유홍준

서울대학교 미학과, 홍익대학교 대학원 미술사 석사, 성균관대학교 대학원 동양철학사 박사를 받았다. 영남대학교 교수 및 박물관장, 명지대학교 문화예술대학원장, 문화재청장을 역임하고, 현재는 명지대학교 교수로 재직 중이며, 제주추사관 명예관장이다. 저서로는 『나의 문화유산 답사기 1~7』, 『조선시대 화론 연구』, 『화인열전 1, 2』, 『완당 평전 1, 2, 3』 등이 있다.

Week 5

고흐나 피카소는 알지만 우리 화가는 모른다?

해외여행을 떠나면 시간이 허락하는 한 반드시 그 나라의 박물관을 탐방하곤 했다. 그리스 파르테논 신전의 엘긴마블(Elgine marble, 영국의 엘긴 경이 아테네의 파르테논 신전에서 떼어간 대리석 작품)과 미라가 이집트보다 더 많은 대영박물관은 내가 영국에서 근무할 때 관광객을 모시고 안내 차 여러 번 갔었다. 주로 우리나라 사람들이 보고자 하는 핵심 코스를 안내했었다. 그리고 미술작품이 많고 특히 〈모나리자〉로 유명한 프랑스 루브르 박물관, 시스코 성당 벽화로 잘 알려진 바티칸 박물관도 둘러보았다. 현대 박물관의 상징인 미국 스미소니언 박물관의 거대하고 웅장한 시설과 규모에 놀랐고, 궁 자체가 박물관인 터키의 톱카프 박물관의 소장품 역시 대단했다. 한 시대를 호령한 오스만 투르크의 위세를 알아 볼 수 있었다.

비단 서양의 박물관뿐 아니라 장개석 정부가 자금성에서 움직일 수 있는 보물은 모두 가져다 놓은 대만의 국립박물관, 그 자체가 박물관인 중국의 자금성, 그리고 일본의 우에노 국립박물관 등 아시아의 유명 박물관도 탐방하였다. 세계 유명 박물관은 거의 다 답사를 했는데, 아직 못 가본 곳이 있다. 제정 러시아가 지닌 호화로움의 극치라고 평하는 러시아의 에르미타주 박물관이다.

그렇다면 우리나라 박물관은 돌아보았는가? 국립중앙박물관이 경복궁 내에 있을 때 한 번, 그리고 용산으로 이관한 뒤 한 번 방문했었다. 그리고 이번 주말에 다시 다녀왔다. 용산의 국립중앙박물관은 이번이 두 번째 방문이다. 처음 방문했을 때는 마치 외국 박물관을 관광하듯 주마간산 훑어보고 3시간 동안 눈도장만 찍고 왔는데, 이번에는 시간을 들여 보고 싶은 것들을 찬찬히 보고 왔다. 주제를 가지고 방문한 것이다.

2층에 있는 서화관(書畵館)을 중점적으로 보았다. 시설 내부는 쾌적했지만 전시품은 조금 빈약한 감이 들었다. 제한된 공간에 많은 작품을 보여주기가 쉽지 않아 엄선한 것이며, 국립박물관이 소장한 것들만 전시돼 있기 때문이다. 그래서 우리나라 서화의 전체적 흐름을 느낄 수는 없었다. 전시의 장점은 실물을 직접 볼 수 있다는 것이지만 한편으로는 이런 한계점도 가지고 있다. 이와 같은 문제점을 책이 상당수 보완해준다.

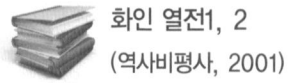
화인 열전1, 2
(역사비평사, 2001)

문화재청장을 역임한 유홍준의 『화인 열전 1, 2』는 우리나라 대표 화가들의 그림을 중심으로 소개한다. 이 책은 2008년에 13쇄를 찍었을 정도로 독자들에게 인기가 높다. 저자는 우리가 고흐나 피카소는 알고 있으면서도 김홍도나 정선은 잘 모르고 있는 현실이 너무 씁쓸해 이 책을 집필했다고 한다.

1권은 '내 비록 환쟁이라고 불릴지라도'라는 부제로 겸재 정선을 비롯해 연담 김명국, 공재 윤두서, 관아재 조영석을 소개했다. 2권은 '고독한 나날 속에도 붓을 놓지 않고'라는 부제로 현재 심사정, 능호관 이인상, 호생관 최북, 단원 김홍도 등 모두 8명을 소개했다. 대부분 조선조의 문예부흥 시기라고 할 수 있는 영·정조 시절 활약했던 화가들이다. 비록 인쇄본이지만 작가들의 많은 작품을 볼 수 있었고, 자세한 해설을 통해 작품의 뜻과 정취를 충분히 느낄 수 있었다. 유명 작가의 그림을 만나는 것과 더불어 부록에 소개된 「청죽화사」(조선 후기의 문인 남태응(南泰膺)이 쓴 미술 비평문)를 통해 우리나라 화사(畫史)를 이해하는 데 많은 도움을 받았다. 다소 아쉬운 점이 있다면 혜원 신윤복과 취화선 장승업이 소개되지 않았다는 것이다.

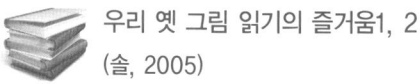
우리 옛 그림 읽기의 즐거움1, 2
(솔, 2005)

우리의 옛 그림을 소개한 오주석의 『우리 옛 그림 읽기의 즐거움 1, 2』는 화가 중심이 아닌 그림 중심으로 설명했다. 그 중 안견의 〈몽유도원도〉가 눈을 사로잡았다. 우리는 흔히 '마음의 여백'이라는 말을 자주 사용한다. 반면에 옛 그림에는 '여백의 마음'이 있다. 우리 옛 그림에는 서양화에 없는 여백이란 것이 있다. 여백은 화가가 그림의 바탕에 전혀 손대지 않고 남겨둔 부분을 가리키는데, 현상적으로 '나머지 흰 부분', 화면의 '빈 부분'을 의미한다. 그러나 동양화에서 여백은 정말 비어 있는 것이 아니다. 오히려 그려진 형상보다 더 심오한 것이 여백에 담겨 있다.

한눈에 반한 우리 미술관
(거인, 2007)

이 외에 장세현의 『한눈에 반한 우리 미술관』도 권할 만한 책이다. 풍속화에서 사군자까지 7개 장르로 분류해 그림 100점을 소개하고 해설을 달았다.

사군자
(돌베게, 2011)

특별히 문인화인 사군자에 관심이 있다면 이선옥의 『사군자』를 권한다. 저자의 박사학위 논문을 중심으로 사군자의 유래 및 작품들을 소상히 설명해 놓은 책이다. 비단 우리나라뿐만 아니라 중국의 작품도 많이 소개되어 있어 한국과 중국 사군자의 특색을 한눈에 비교해 볼 수 있다.

매번 박물관을 방문할 때마다 도록(圖錄)을 열심히 사 모은다. 이번에도 예외 없이 국립중앙박물관의 도록 한 권을 샀다. 언젠가는 다시 볼 날이 있겠지 하면서도 아직 한 번도 들춰보지 않고 있다. 이사할 때마다 짐이 된다는 아내의 잔소리를 듣지만 그래도 열심히 챙긴다.

잠시나마 우리 선조들의 글과 그림의 세계에 빠져들었다. 이성을 관장하는 좌뇌 중심의 세계에서 감성의 우뇌 중심 세계로 여행을 하고 왔다. 가까운 시일 내에 러시아의 에르미타주 박물관을 돌아볼 기회를 고대하면서 다시 자동차가 빵빵거리는 현실 세계로 돌아온다.

인물 정보

김홍도

1745년(영조 21)에 태어났다. 강세황의 추천으로 이른 나이에 도화서(조선시대 그림 그리는 일을 관장하던 관청)의 화원이 되었다. 20대 초반에 이미 궁중화원으로 명성을 날렸으며, 1773년에는 29세의 젊은 나이로 영조의 어진과 왕세자 정조의 초상을 그렸다. 그리고 이듬해 감목관(조선시대 지방의 목장 업무를 담당하던 종6품 관직) 직책을 받아 사포서(궁중의 채소전과 원포[園圃]를 관장하던 관청)에서 근무했다. 1781년(정조 5)에는 정조의 어진 익선관본을 그릴 때 한종유(韓宗裕), 신한평(申漢枰) 등과 함께 동참화사로 활약했으며, 이에 대한 포상으로 경상도 안동의 안기찰방(安奇察訪)을 제수 받았다. 이 무렵부터 명나라 문인화가 이유방(李流芳)의 호를 따서 단원(檀園)이라 스스로 칭했다. 작품에는 〈자화상〉(18세기 중반), 〈군선도〉(1776), 〈서원아집도〉(1778), 〈행려풍속도〉(1778), 『단원풍속도첩』(18세기 후반), 〈송월도〉(1779), 〈꽃과 나비〉(1782), 〈단원도〉(1784), 〈사녀도〉(1784), 『금강사군첩』(1788), 〈연꽃과 게〉(1789), 『을묘년화첩』(1795), 『병진년화첩』(1796), 〈마상청앵도〉(18세기 후반) 등 다수가 전해지고 있다.

신윤복

1758년(영조 34)에 태어났다. 부친 신한평(申漢枰)과 조부 모두 도화서 화원으로, 특히 신한평은 영조와 정조의 어진 제작에 참여했으며 초상화뿐만 아니라 산수화와 화조화에 뛰어났다. 신윤복은 김홍도(金弘道), 김득신(金得臣)과 더불어 조선시대 3대 풍속화가로 불린다. 대표작으로는 국보 제135호로 지정된 『혜원풍속화첩(혜원전신첩)』(18세기 말~19세기 초)이 전해진다. 〈단오풍정〉, 〈월하정인〉, 〈봄나들이〉, 〈뱃놀이〉 등 신윤복의 풍속화 중 가장 널리 알려진 작품들로 모두 30여 점으로 구성된 이 화첩은 간송미술관 소장품이고, 국립중앙박물관에 소장된 〈탄금(彈琴)〉 등 6점으로 된 화첩 또한 명품이다. 아울러 초상기법으로 그린 〈미인도〉(19세기 초)는 조선 여인의 아름다움을 잘 드러낸 걸작으로 손꼽힌다.

Week 6

서양의 미술과 우리의 미술

요즈음 명화 마케팅이 한창이다. 모 제약사는 구스타프 클림트의 그림 〈키스〉를 포장지로 사용하고 있고, 모 재벌 그룹은 명화를 이용한 이미지 광고를 내보내고 있다.

그런데 애석하게도 우리나라의 미술 교육은 서양화 위주이다. 학교에서는 주로 수채화나 유화를 가르치며, 서양의 명작을 모사하는 게 대부분이다. 우리는 고흐, 마네, 모네, 피카소, 렘브란트 등 서양의 화가 이름뿐 아니라, 다빈치의 〈모나리자〉, 밀레의 〈만종〉 같은 대표작도 대충은 알고 있다. 예전에 동네 이발소에도 밀레의 〈만종〉이나 〈이삭 줍는 사람들〉 같은 작품의 조잡한 모작들이 걸려 있었다. 그래서 '이발소 그림'이라는 말이 생겨났다. 우리는 서양 명화에 대해서는 어느 정도 지식을 가지고 있지만 우리 미술에 대해서는 문외한인 경우가 많다.

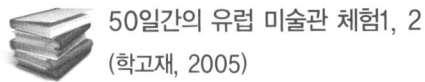
50일간의 유럽 미술관 체험 1, 2
(학고재, 2005)

현대인으로서 한 번쯤은 미술관이나 전시회에 간 적이 있을 것이다. 좋은 미술작품을 감상하는 일은 교육적 차원에서뿐 아니라 삶의 질을 높일 수 있다. 문화예술을 통해 창의력을 키우고, 정서적 안정감을 유지하며 감성을 키울 수 있기 때문이다. 그런데 추상화나 구상을 볼 때 그 작품이 무엇을 의미하는지 알지 못해 이해가 되지 않은 적이 한 두 번이 아니다. 아는 만큼 보인다고 했다. 모든 것이 그렇지만 미술은 특히 더 그렇다. 모르고 보면 아무 의미 없는 것이지만 내용을 알면 아주 새롭게 다가온다.

그래서 서양 미술을 여러 각도로 소개하는 책들이 많이 나왔다. 미술 분야에서 대표적인 베스트셀러 작가는 이주헌이다. 그는 미술평론가로 『50일간의 유럽 미술관 체험 1, 2』를 출간했다. 두 아이 그리고 아내와 함께 온가족이 떠난 50일간의 유럽여행 중 특히 유럽 미술관 기행을 주제로 다루었다. 이 외에도 『미술로 보는 20세기』(학고재, 1999), 『지식의 미술관』(아트북스, 2009), 어린이를 위한 『느낌 있는 그림 이야기』(보림, 2002) 등의 많은 저서가 있고, EBS에서 청소년을 위한 미술 관련 교양 프로그램을 진행했다. 『리더를 위한 미술 창의력 발전소』(위즈덤하우스, 2008)에서 미술과 경영을 접목시켰으며, 특히 창의력을 강조하고 있다.

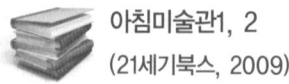
아침미술관1, 2
(21세기북스, 2009)

    소개할 또 하나의 책은 『그림 읽는 CEO』(21세기북스, 2008)의 저자 이명옥이 쓴 『아침미술관1, 2』이다. 이 책은 직장인들을 위해 기획되었고, 상·하권으로 출간되었다. 동·서양의 그림을 365일에 담아 하루 한 편씩 소개하면서 해설을 달았다. 저자는 미술계의 베스트셀러 작가 중 하나로 여러 편의 저서를 가지고 있지만, 특히 『팜므파탈』(시공아트, 2008)은 악녀를 주제로 한 책으로 아주 독특하다.

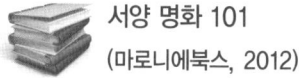
서양 명화 101
(마로니에북스, 2012)

    다음으로 소개하는 책은 가장 최근에 출간된 김필규의 『서양 명화 101』이다. 미술 평론가가 아닌 일반인이 쓴 책으로, 특히 할아버지가 손자들에게 권하고 싶은 명화 101점을 추려 소개하고 있다. 무역 사업가 출신인 저자는 은퇴해 캐나다 밴쿠버에 살고 있는데, 자라나는 청소년들이 '건강한 상식(common sense)을 갖추고, 글로벌 스탠다드(global standard)에 합당한 교양인(cultured man)으로 사회에 보탬이 되는 훌륭한 시민(good citizen)이 되었으면 하는 것이 소박한 꿈'이라고 밝히면서 작품을 선정해 해설을 달았다.

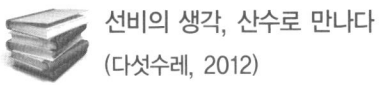
선비의 생각, 산수로 만나다
(다섯수레, 2012)

　서양 미술을 다루는 책이 많은 데 반해 우리나라의 미술을 소개하는 책은 손꼽을 정도이다. 우리 옛 그림으로는 선비들이 그리던 사군자와 문인화 등을 꼽을 수 있다. 사군자는 선비들이 소일거리로 그린 소품들이 많지만 문인화는 대작들이 많다. 우리나라의 미술에 관해 다룬 고연희의 『선비의 생각, 산수로 만나다』는 조선 중기의 문인화를 소개한다. 당시 산수를 좋아하는 인품은 세상의 명리에 욕심이 없는 고상한 인격으로 간주되었기 때문에, 문인들은 스스로 높은 인격의 소유자임을 보여주거나 상대방의 인격을 널리 알리기 위해 문학과 그림에서 산수를 즐겨 표현했다.

　60여 편의 그림을 소개했는데 그중 여섯 점은 해외에 있는 작품들이다. 아직도 우리나라로 돌아오지 못한 문화재들이 세계 곳곳에 산재해 있다는 점이 매우 안타깝다. 그래도 다행인 것은 우리 그림에 대한 세간의 관심이 조금씩 높아지고 있다는 점이다. 영화 〈미인도〉를 통해 혜원 신윤복과 단원 김홍도가, 〈취화선〉을 통해 장승업이 소개되었고, 안견의 〈몽유도원도〉를 중심으로 하는 스릴러 영화도 인기를 끈 적이 있다.

　무엇보다도 가장 괄목할 만한 것은 우리나라 화폐에서 우리의 그림을 많이 볼 수 있다는 점이다. 천 원짜리 지폐 뒷면에는 정선의 〈계상

정거도〉가 도안되어 있다. 5만 원권 지폐 뒷면에는 조선 중기 화가 어몽룡의 〈월매도〉와 이정의 〈풍죽도〉가, 앞면에는 신사임당의 〈묵포도〉가 들어가 있다. 우리나라를 상징하는 화폐에 우리의 그림이 들어가 있는 것만으로도 큰 위안이 된다. 여담으로 신사임당의 친정이자 율곡이 태어난 강릉 오죽헌에 가면 5만 원권과 5천 원권(구 화폐)을 확대하여 전시해 놓았다. 5만 원권에는 어머니 신사임당이, 5천 원권에는 아들 이율곡이 그려져 있기 때문이다. 서양의 명화 감상도 좋지만 우리 회화에도 눈길을 주었으면 하는 바람이다.

인물 정보

고연희

이화여자대학교 국어국문학과 대학원에서 박사학위를, 홍익대학교 미술사학과 대학원에서 석사학위를 받았다. 조선시대 회화문화와 문화적 배경의 상관성에 관심을 가지고 조선시대 회화를 오늘날 유의미하게 해석하고 감상하는 작업을 진행하였다. 저서로 『조선후기 산수기행예술연구』(2001), 『꽃과 새 선비의 마음』(2004), 『조선시대 산수화』(2007) 등이 있다. 그 외 「연암일파의 회화론」, 「'서권기', '문자향'의 함의와 형상화 문제」 등 조선시대 회화 및 시문학과 관련된 논문을 여러 편 발표하였다. 홍익대학교, 연세대학교 등에서 강의했고, 이화여자대학교 한국문화연구원, 고려대학교 민족문화연구소, 시카고대학교 동아시아미술연구소 등에서 연구했다.

Week 7

붓에 살고 붓에 죽는
우리나라 근현대 서예가들의 이야기

　5월은 신록의 계절로 계절의 여왕이라고 칭한다. 영국에서는 '5월은 인도와도 바꾸지 않는다'라고 할 정도로 5월을 사랑한다. 하지만 우리나라의 5월은 각종 행사가 많은 달로 가계 지출이 만만치 않은 달이기도 하다. 어린이날, 어버이날, 그리고 스승의날이 있고, 대부분의 학술세미나도 주로 5월에 열린다.

　예전에는 제주행 비행기 안에 비즈니스맨이 많았는데 요즈음은 올레길 탐방객이 더 많다. 등산화에 등산복 차림을 하고 배낭을 멘 승객들이 상당수를 차지하고 있다. 그저 단순히 우르르 떼 지어 몰려다니는 단체관광이 아니라 주제를 가지고 가까운 친지들과 떠나는 테마여행이 서서히 자리 잡아가고 있다.

　그런 테마여행 중 하나로 '추사 유배지 탐방 여행'이 있다. 추사 김정희는 그동안 많은 학자들이 연구해왔고 지금도 꾸준히 연구하고 있는 대상이다. 그 결과로 『나의 문화유산 답사기』를 쓴 전 문화재청장 유홍준의 『완당평전 1, 2, 3』(학고재, 2002)을 비롯해 『국역완당전집』(민족문화추진회, 1998) 등 많은 저술과 논문, 학예지가 나왔으며 이를 통해 추사는 세상에 꾸준히 알려지고 있다.

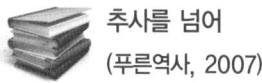
추사를 넘어
(푸른역사, 2007)

이번에 소개할 김종헌의 『추사를 넘어』(푸른역사, 2007)는 전문가가 쓴 학구적인 책이 아니라 일반인이 본 추사에 대한 이야기이다. 그렇다고 책의 내용이 부실하거나 인기가 없는 것은 아니다. 추사뿐만 아니라 정판교의 작품 등 아주 희귀한 고서 자료들을 총망라해 만든 책이다. 2007년 초판 발행 후 2011년 7쇄를 낸 스테디셀러로 자리매김하고 있다.

책의 저자 김종헌은 조금 특이한 이력을 가지고 있다. 기업체 임원(남영 비비안의 대표이사)으로 일하다가 은퇴한 뒤 카페를 경영했다. 그때의 경험을 『Peace of Mind-빵 굽는 아내와 CEO남편의 전원카페』(동아일보사, 2004)라는 책으로 묶었는데, 아내의 제빵 기술과 본인의 책에 대한 사랑을 접목시킨 것이다. 그러나 본인의 관심 분야는 서예로, 고서를 모으는 것이 취미이고 현재 약 1만 여권의 고서를 소장하고

으며 카페에 사설 도서관을 가지고 있다. 고서에 관심이 많은 관계로 자연스레 추사 선생의 작품을 많이 접하고 연구하게 되었고, 그래서 나온 것이 바로 이 책이다.

추사 김정희는 시(詩)·서(書)·화(畵)는 물론 금석학의 대가로 국내에서는 말할 것도 없고 중국에서도 그 명성이 자자했다. 중국의 완적, 옹방강 등 당대 최고의 석학과 교류했다는 것은 익히 알려진 사실이다. 추사의 예산 고택은 고택 뒤의 암벽에 각인된 여러 글씨와 현판 등으로 유명하다. 추사의 마지막 작품은 71세 때 쓴 봉은사의 〈판전(版殿)〉으로, 그의 최고 걸작으로 손꼽힌다.

하지만 그의 일생은 평탄치만은 않았다. 부원군의 자손으로 과거에 급제해 벼슬을 했지만 많은 옥고를 치렀다. 그 결과 그는 제주도로 유배를 갔다. 제주의 추사 유배지는 최근에 알려지고 있다.

추사의 글씨는 유배 전후로 확연히 차이가 난다. 귀양 가는 길에 들러 해남 대둔사에 써준 〈무량수각(無量壽閣)〉(1840)은 획이 매우 기름지고 두터우며, 자신감이 넘치고 윤기가 흐른다. 반면 귀양 후 예산 화엄사에 남긴 〈무량수각〉(1846)은 기름기가 다 빠지고 메마른 듯 순진무구한 원형질을 드러내며, 대단히 명상적이다. 이는 좌절 속에서 피어난 독자적인 글씨체, 치졸해 보이는 단순미를 보여준다. 바로 추사체의 탄생인 것이다.

제주에 설립된 추사유배지 박물관에는 두 작품이 전시돼 있는데, 둘을 비교해보면 일반인도 쉽게 그 차이를 느낄 수 있다. 추사체는 권돈인에게 보낸 편지에서 스스로 밝혔듯이, 정신적으로는 귀양이라는 역경 속에서 '70평생에 벼루 10개를 밑창 내고 붓 일천 자루를 몽당붓으로 만든' 치열한 자기와의 싸움의 결정판이었다.

9년간의 유배생활은 비참했다. 곤장을 맞은 후 장독으로 고생하면서, 삭막한 곳에 위리안치(圍籬安置)되어 그저 글을 쓰고 수선화를 키우는 것이 그의 일과였다. 소창다명 사아구좌(小窓多明 使我久坐), '작은 창문에 빛이 밝으니 나로 하여금 오래 머물게 하네'라고 쓴 글씨는 당시 자신의 처지를 잘 나타낸다.

추사는 유배된 집에서 약 5리 정도 떨어진 대정향교(大靜鄕校)에서 후학을 가르쳤다. 대정향교에 쓴 〈의문당(疑問堂)〉 현판은 추사 박물관에 보존되어 있고, 원래 자리에는 복제품이 걸려 있다.

추사가 유배 생활에 그린 〈세한도〉(1840)와 제자 이상적과의 사연도 눈여겨 볼 만하다. 역관인 이상적이 북경을 왕래하면서 수많은 책을 추사에게 보내주었고, 세한도에 완적의 화제도 받아 왔다. 그가 보낸 책들의 물량을 모으면 수레로 한 차가 넘었다고 한다. 요즈음에도 그렇게 많은 책을 보내기 어려운데 그 시대에 교통도 불편한 제주로 귀한 중국 서적을 그처럼 많이 보냈다는 것은 이상적이 추사를 얼마나 존경했는지 엿볼 수 있게 한다. 추사 역시 그에 감동해 〈세한도〉를 그려 주었다.

추사 박물관의 모습이 마치 세한도의 집을 형상화한 것 같으며, 계단은 귀양 3천 리를 채우기 위해 굽이굽이 돌아온 곡행(曲行)을 상징해 비스듬히 돌을 깔았다고 한다. 반드시 도록 『해국에 먹물은 깊고』(서귀포시, 2011) 한 권을 사거나 아니면 세한도 영인본 하나 정도는 사서 두고두고 음미할 가치가 있다.

제주 테마여행 코스 하나를 소개하고자 한다. 제주에는 공원과 볼거리들이 매우 많지만 대부분의 관광코스는 천편일률적이다. 제주 서남쪽 모슬포 옆에 자리 잡은 사계리를 거점으로 추사 유배지에 세운 추사박물관과 추사가 귀양살이하던 대정향교를 둘러보고, 잠수함 관광을 한다. 그리고 올레길 10번 또는 관광도로에서 자전거 하이킹을 하고, 가까운 산방산굴을 방문하는 것도 의미가 있다. 일정 중간에 형제섬을 바라보면서 쉼터 카페에서 휴식을 취하고, 저녁에는 제주의 해산물 식사를 한 뒤 세계 3대 탄산온천에서 피로를 풀면 아주 알차고 뜻있는 테마여행이 될 것 같다.

인물 정보

김정희

추사 김정희(1786-1856)의 자는 원춘, 호는 완당 · 추사 · 예당 · 시암 · 과파 · 노과이며, 1786년(정조 10) 충남 예산에서 이조판서 김노경의 맏아들로 태어나 어린 시절부터 신필로 알려져 두각을 나타냈다. 1809년(순조 9) 생원시에 합격, 1819년(순조 19) 문과에 급제한 후 충청암행어사, 예조참의, 병조참판, 성균관대사성을 거쳐 1837년(헌종 3)에 형조참판이 되었으나, 반대파의 중상모략에 의해 1840년(헌종 6)부터 1852년(철종 3)까지 제주도와 함경도 북청 등으로 귀양살이를 전전하다 풀려났다. 1856년(철종 7) 과천에서 생을 마감했다.

그는 시와 그림, 글씨 등의 예술 분야에서 천부적인 재능을 발휘했으며, 특히 독특한 서체인 추사체를 대성시킴으로써 서예 사상 최고의 경지를 이루었다는 평을 받는다. 문집으로 『완당집』, 저서로 『금석과안록』, 『완당척독』, 『실사구시설』 등이 있다. 그림으로 〈세한도〉를 비롯해 〈묵죽도〉, 〈묵란도〉, 〈영영백운도〉 등이 있다. 글씨로 〈침계〉, 〈유애도서대련〉, 〈도사무백발서면〉, 〈화법서세대련〉 등이 있고, 죽기 전에 쓴 〈판전〉이 유명하다.

Week 8

중국 서예사와 한국 서예사, 우리의 명필

우리는 서예의 원조가 중국이라고 생각한다. 하지만 서체(calligraphy)의 원조는 아랍이다. 아랍은 아랍어 자체가 예술이고, 모든 이슬람 예술의 근간이 된다. 그래서 이슬람 문화유적은 기하학적인 대조를 가진 작품들이 많다.

물론 서예라는 장르를 세계에 알린 것은 중국 서예이다. 흔히들 글을 잘 쓰는 사람을 비유해 '왕희지 필법으로 일필휘지하여 써내려갔다'는 표현을 많이 한다. 단연 중국이 서예의 원류이다. 서체를 가리키는 말로 오서(五書)가 있는데, 전서, 예서, 행서, 초서, 해서가 그것이다. 중국에서 시작된 글씨체로 우리나라에 들어와 새로운 서체로 발전하기도 했다.

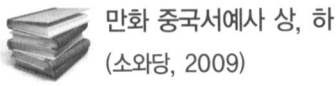
만화 중국서예사 상, 하
(소와당, 2009)

중국 서예를 한눈에 알아보기 쉽게 만든 책이 일본의 우오즈미 가즈야기가 쓴 『만화 중국서예사 상, 하』이다. 일본 만화를 번역한 만화로 상세한 설명과 글, 그림이 있어 서예의 역사를 이해기 아주 쉽다. 왕희지를 필두로 한 중국 서예 대가들의 모습과 글씨체 등을 그림으로 그리고, 영인본으로 자세히 설명해 놓았다. 만화라는 매체로 부담 없이 서예의 발전 과정을 한눈에 볼 수 있게 해주는 좋은 책이다.

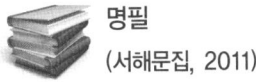
명필
(서해문집, 2011)

우리나라의 서예는 이규상의 『서가록』에 잘 기술되어 있다. 신라 김생이 천지자연의 조화에 능하여 명나라 어사 고양겸이 이를 평해 '왕희지나 종요의 서법이 아니면서 도리어 종요나 왕희지보다도 뛰어난 점이 있다'라고 하였다. 고운 최치원도 글씨로 이름을 날렸는데, 서체가 안진경(顏眞卿)과 유공권(柳公權)의 서법을 닮았으니, 대개 당나라 시대의 유파이다.

안평대군 이용이 서가 가운데 우뚝 모습을 드러냈는데, 정신이 표일하고 획이 굳세고 살이 붙은 것을 보면 팔뚝을 내리고 쓴 것이 아닌 듯싶다. 서체는 송설체(조맹부의 글씨체)이다. 석봉 한호에 이르러 서체가 비로소 종요와 왕희지를 본받으면서 어느 정도 자신의 별법을 보완하여 원법(圓法)이 적고 방법이 많아 정제되어 굳세고 아름다웠으니 한체(韓體)라 이름하였다.

또한 이규보의 『파한집』에서 이르기를 '김생의 필법은 기묘하여 진·위의 사람들이 미칠 수 있는 바가 아니다. 고려조에는 오직 대감국사 탄연과 학사 홍관이 이름을 날렸다. 〈청편이자현제문〉은 혜소가 찬하고 대감국사가 글씨를 쓰니, 세상에서 삼절이라 하였다. 평자가 말하기를 쇠를 늘여 힘줄을 만들고 산을 잘라 뼈를 만든 듯하여 힘은 수레를 뒤엎을 만하고 날카로움은 종이를 뚫을 것 같았다' 하였다. 신라 김생으로부터 고려 탄연 스님으로 그리고 조선조의 안평대군과 한석봉, 조선 후기의 추사 김정희까지, 우리 서예의 맥을 잇는 계보이다.

최근 발간된 김남인의 『명필』은 우리의 명필들을 소개하고 있다. 대부분의 서예가 한문 위주로 되어 있으나, 조선시대에 들어와 한글체가 나오기 시작했다. 자료로 나오는 대부분의 글씨는 사찰이나 서원의 현판에 많이 남아 있고, 금석학으로 불리는 돌이나 비석에 새겨진 글씨들이 후세까지 그 모습을 전해주고 있다. 그런데 애석하게도 모두 한문이다. 유일하게 운악산 봉선사 일주문에 한글로 씌어 있고(운허 용하 스님의 글), 큰 법당 현판도 한글이다(운봉[효봉] 스님의 글). 그리고 법당 네 기둥에 한글 주련이 있다. 강석주의 글씨다.

우리나라의 서예는 대부분 중국 서체를 모방하였으나, 고유의 서체를 개발한 사람도 있다. 가장 대표적인 것이 이광사의 동국진체이고, 또 하나는 그 유명한 김정희의 추사체이다. 추사체는 중국으로 역수출되어 중국 서예계에 큰 반향을 일으키기도 했다. 하지만 이 모든 서체들로 쓰인 작품들은 주로 한문 위주로 되어 있다.

 조선왕조실록으로 보는 한글궁체사
(한국한글서예연구회, 2009)

고유 한글 글자체의 모태는 바로 궁체(宮體)이다. 궁체는 궁중의 여인들 특히 왕후에게 알리는 문서체로 시작된 것으로, 주로 궁중 나인들이 써서 궁체라는 이름을 얻었다. 『조선왕조실록으로 보는 한글궁체사』라는 책은 한글 궁체의 생성 과정과 발전사에 대해 잘 설명하고 있다. 궁중 여인들로부터 시작된 궁체라고 해서 오직 궁중 여인들만 한글을 쓴 것은 아니다. 정조도 한글을 썼고, 추사, 다산 등 당대 문인들도 한글 서체로 편지를 썼다.

요즈음 전 세계적으로 한류 바람이 부는데 우리 예술, 특히 서예에서도 한글을 사랑하고 존중하는 모습을 보여주었으면 한다. 우리 고유의 독특한 문화유산 중에 으뜸가는 한글 그리고 우리 한글 서예가 너무 홀대 받는 것 같아 아쉽다. 그나마 한 가지, 내년부터 한글날이 공휴일이라서 천만다행이다. 마무리로 단원 김홍도의 시 한 수를 음미하며 우리 서예 사랑을 강조해 본다.

옛 먹을 가볍게 가니 책상에 향기가 가득한데

古墨輕磨滿几香

벼루에 물 부으니 얼굴이 비치도다.

硏池新浴照人光

산새는 약속이나 한 듯 날마다 날아와 지저귀고

山禽日來非有約

들꽃은 심은 이 없으나 스스로 향내를 발하도다.

野花無種自生香.

「山居漫吟」

인물 정보

김남인

국민대학교를 졸업하고 한국거래소 자문위원, 금융발전심의위원회 위원, 한국경영사학회 이사를 역임했다. 이후 해럴드경제 논설위원을 거쳐 현재 파이낸셜뉴스 논설위원으로 재직하고 있다. 현판, 편액, 주련 등에 쓰인 글씨와 묘비, 골짜기, 바위 등에 새겨진 글씨를 찾아 연구하는 것을 삶의 기쁨으로 여긴다.

Week 9

한국의 미(美)는 무엇이고 한국성은 무엇일까

요즈음 전 세계에 부는 한류 바람이 드세다. 주로 싸이나 소녀시대 등 음악이 대세를 이루고 있지만 다방면에서 나름대로 한류 굳히기를 하고 있다. 이런 시점에 과연 한류의 본질은 무엇인가 하는 자문을 해본다. 한국만의 독특한 문화란?

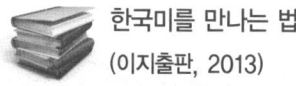
한국미를 만나는 법
(이지출판, 2013)

최근 이광표의 『한국미를 만나는 법』이 자그마한 정의를 내리고 있다. 동아일보 기자인 저자는 한국문화를 취재하고 글을 씀으로써 우리 한국의 미를 찾으려고 노력했다. 그리고 '우리 한국의 미는 무엇이고, 한국성은 무엇인가?' 라는 화두로 책을 꾸몄다.

독일의 에카르트는, 한국미는 단순하고 담백한 아름다움이라고 말하고 있다. 일본의 야나기 무네요시는 '비애의 미', '애수의 미'라고 정의했다. 국립중앙박물관장을 지낸 최순우는 단순과 질박미를 강조했으며, 김원룡은 '자연주의 미'라고 규정했다.

책 제1부는 '한국미의 표정'으로, 각종 작품에 나타나는 우리의 멋을 표현했다. 제2부는 '옛 그림의 아름다움'으로, 우리나라 화가들의 대표작에서 그려낸 우리 정서를 더듬어 보았다. 제 3부는 '문화재를 보는 눈'으로, 우리 문화재 보존에 대한 아쉬움을 피력했다.

외국인의 눈으로 보면 그 특징이 뚜렷하게 보이지만, 우리는 우리 일상에 녹아 있는 한국미를 간파하기가 쉽지 않다. 또한 한국미는 동양미와 혼재되어 있기도 해서 한국미를 정확히 무엇이라고 정의하기가 쉽지 않다. 서로가 서로에게 영향을 주고받아 누가 원조이고 어느 것이 더 독창적인지 구분하기 어렵다.

프랑스 건축협회장 로랑 살로몽은 '한국의 전통 건축물은 단순한 건축물이 아니라 그 자체가 자연이고 또 하나의 풍경이다. 중국의 건축은 장대하지만 마치 벽처럼 느껴지고, 일본의 건축물은 정교하지만 나약해 보여 건축물이 아닌 가구와 같다는 인상을 준다. 이에 비해 한국의 건축은 주변 경관을 깎고 다져서 인위적으로 세운 것이 아니라 자연 위에 그냥 얹혀 있는 느낌이다. 그런 의미에서 한국의 전통 건축은 미학적 완성도가 높다고 생각한다'라고 하면서 한·중·일 세 나라의 건축미를 명확하게 구분했다.

유홍준의 『나의 문화유산 답사기』에서 '한국의 정원미는 중국처럼 인공에 의하여 창조하는 것도 아니고, 일본처럼 자연을 주택의 마당에 끌어들여서 주인 행세하는 것도 아니다. 한국 정원의 이상은 소박함으로 돌아가는 것이다'라고 한다. 뿐만 아니라 동양 3국의 탑에도 각기 특징이 있다. 우리나라는 석탑의 나라라고 불릴 정도로 석탑이 주를 이루고 있다. 이는 중국의 전탑(벽돌탑), 일본의 목탑(목조건축)과 비교해서 생긴 말이다.

이처럼 동양 3국의 미는 같은 것 같으면서도 서로 다르다. '우리 것이 세계적인 것이여'라고 한 명창 김동진 옹의 말이 생각난다. 과연 우리의 것이 무엇이며 어떻게 보존해나갈 것인가가 우리들의 숙제이다. 한류가 전 세계에 유행하는 것도 중요하지만 정확한 한국의 미, 한류를 우리가 스스로 파악해 제대로 알려야 할 것이다.

> **인물 정보**
>
> **이광표**
>
> 서울대학교 고고미술사학과, 동 대학원 국문학 석사를 마치고 고려대학교 문화유산학과 박사과정을 수학하고 있다. 동아일보에 입사해 우리 문화재의 아름다움과 가치를 널리 알리는 글을 썼다. 저서로는 『손 안의 박물관』, 『명품의 탄생』, 『국보 이야기』, 『살아 있는 역사 문화재1, 2』 등이 있다.

Week 10
우리나라의 숨은 애국자 두 명

우리 역사에는 수많은 구국 영웅들이 있다. 우리에게 잘 알려진 성웅 이순신, 세종대왕, 강감찬, 을지문덕 장군 등은 대부분 상류층이다. 하지만 이번 주에 소개하고자 하는 인물은 우리와 거의 동시대를 산 분들로 민초들 속에 묻혀 사는 진정한 애국자들이다. 요란한 영웅이라기보다는 조용한 위인이라고 할 수 있다.

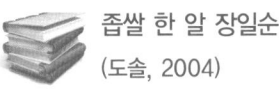

좁쌀 한 알 장일순
(도솔, 2004)

책을 통해 새롭게 만난 사람은 최성현의 『좁쌀 한 알 장일순』이다. 워낙 책을 좋아하는 터이고 장일순이라는 이름을 『지식e 7』(북하우스,

2012)에서 먼저 접했기 때문에 책을 받는 즉시 읽기 시작했다. 매우 감동적이어서 단숨에 읽어버렸다.

대부분의 전기가 성공비화를 중심으로 쓰이는 데 반해, 이 책은 주인공의 일상을 마치 바로 옆에서 지켜보는 것처럼 자연스럽게 표현하고 있다. 원주 지킴이 장일순은 그의 아호처럼 '그저 좁쌀 한 알(一粟子)'과 같은 평범한 일상을 자연스럽게 살아온 사람이다. 그는 민초들 속에서 자연스레 민주화 운동을 한 실천가이다. 천주교 신자로 평신도 회장을 맡기도 한 그는, 그럼에도 불구하고 마치 불교 신도 같은 느낌을 주었다. 그는 스님 또는 절을 많이 찾았으며 그가 그린 수묵화를 통해 전해주는 말들은 모두 불교 법어 같았다. 그는 스스로 종교의 벽을 허물고 천주교와 불교의 왕래를 시작한 장본인이기도 하다. 유독 두 종교 간의 교류가 잘되는 것은 아마도 이 분의 덕이 아닐까 하는 생각도 든다.

달라이 라마는 삼소회(三笑會, 종파를 초월한 종교인들의 모임) 회원들과의 만남에서 '신앙에는 신념과 존중, 두 가지가 있다. 신념은 자기 종교에만 가져야 하지만, 존중은 모든 종교에 대해 갖고 있어야 한다'라고 얘기했다. 장일순도 교리가 중요한 것이 아니라 가르침 그 자체가 중요하며, 모든 것은 같다고 말했다.

간송 전형필
(김영사, 2012)

또 하나의 숨은 애국자는 문화 지킴이 간송 전형필이다. 그는 '민족 문화재의 보존은 또 다른 독립운동이다'라고 말하며 현재 가치로 환산하면 약 450억 되는 그의 전 재산과 한 평생을 우리 문화재를 수집하는 데 바쳤다. 그는 우리나라 최초의 개인 박물관을 만들었는데, 현재의 간송박물관이 그것이다. 간송박물관은 국보 12점, 보물 10점, 서울시 문화재 4점을 보유한, 문자 그대로 '보화각(寶華閣)'이다. 성북동 산허리에 자리 잡은 간송박물관 건물의 외양은 초라해 보이지만 사저 앞 2층짜리 전시관은 당시 최고의 서양건축물이었다. 건물이 뭐 중요하랴, 콘텐츠가 중요하지. 일 년에 두 번, 봄과 가을에 특별한 주제를 가지고 일반인에게 공개된다. 2011년 가을 사군자 특별전에 처음 가보았다.

이충열의 『간송 전형필』은 간송의 일대기를 소설 형식을 빌려 쓴 책이다. 그의 전기는 파란만장한 우여곡절이 있는 것도, 그렇다고 위대한 성공담이 있는 것도 아니다. 그저 담담하게 밀려오는 감격 그 자체로 다가온다. 책에는 주인공이 〈몽유도원도〉를 구입하는 데 관여한 듯이 나와 있는데, 작가가 밝혔듯 재미를 위해 허구를 더한 것이다. 우리의 문화재인 〈몽유도원도〉는 아직도 일본 텐리(天理)대학교에서 보관하고 있다.

'민족 문화의 수호신'이라고 불리는 전형필(1906~1962)은 휘문고등학교 은사인 서양화가 고희동 선생에게서 '학문을 닦는 선비가 아니라 조선의 문화를 지키는 선비가 되라' 라는 조언을 듣고 문화재 수집을 시작했다. 그는 그에게 우리 문화재에 대한 안목을 넓혀 준, 당시 최고의 수장가이며 서예가인 오세창으로부터 간송(澗松, 산골짜기에 흐르는 물과 푸르른 소나무)이라는 아호를 받았다.

간송의 문화재 사랑을 보면서 해외로 유출된 우리 문화재 생각이 났다. 일부 환수되고 있기는 하지만 아직도 세계 각국에 산재한 우리 문화유산을 하루빨리 되찾아 와야 할 것이다. 유홍준의 『국보순례』(눌와, 2011)의 부록에 열거된, 해외에 남아 있는 우리 문화유산들이 빠른 시일 안에 고국으로 돌아오기를 기대한다.

'행동하는 양심' 이라는 말은 고(故) 김대중 대통령이 하신 말씀이다. 말 자체는 아주 쉬워 보이지만 말대로 실천하기가 그리 쉽지 않다. 말보다는 실천으로, 그리고 진정으로 나라를 사랑하는 일을 솔선수범하는 이들을 진정 '행동하는 애국자' 라고 부르고 싶다.

위에 소개한 두 분은 필자와는 차원이 다른 사람인 듯하다. 족탈불급(足脫不及), 즉 아무리 발 벗고 따라가도 미치지 못한다. 하지만 그래도 밖으로는 우리 문화를 더 사랑해야 하고, 안으로는 수묵화처럼 마음을 더 수양해야겠다고 스스로에게 다짐했다.

인물 정보

전형필

본관은 정선(旌善), 호는 간송(澗松)이다. 휘문고보를 졸업하고 일본으로 건너가 와세다대학교에서 법학을 공부했다. 1928년 일시 귀국하여 스승 위창(葦滄) 오세창(吳世昌)을 만났으며 그의 조언으로 서화와 골동품 수집에 관심을 가지게 되었다. 또한 오세창으로 부터 간송(澗松)이라는 아호를 받았다. 스승 오세창의 지도와 조언을 받아 문화재를 수집하기 위해 노력했다. 인사동에 소재하는 한남서림(翰南書林)을 인수해 경영하면서 고서적과 서화, 화첩 등을 수집했고 한국의 중요한 문화재가 일본인에게 넘어가지 않도록 애썼다. 수집한 문화재를 보존하기 위해 1938년 개인 박물관인 보화각(葆華閣, 현 간송미술관)을 세웠다.

1940년 경영난에 빠진 보성(普成)고보를 인수하여 교주(校主)가 되었다. 1956년 교육공로자로 표창을 받았다. 1942년 일본인 몰래 안동에서 기와집 열 채를 살 수 있는 거금 1만 원을 주고 구입한 『훈민정음(訓民正音)』 원본을 비롯해 수많은 고서적·고서화·석조물·자기 등이 있으며, 이 중 10여 점 이상이 국보로 지정되었다. 그가 소장한 문화재 중 신윤복의 화첩도 유명하다. 1962년 문화포장, 1964년 문화훈장국민장이 추서되었다.

장일순

본관은 인동(仁同), 호는 청강(靑江)·무위당(无爲堂)·일속자(一粟子)이다. 1928년 9월 3일 강원도 원주에서 태어났다. 어려서부터 한학을 익혔고, 차강(此江) 박기정(朴基正)에게 서예를 배웠다. 1948년 서울대학교 미학과에 입학했으나, 6·25전쟁으로 인해 학업을 중단한 뒤 고향인 원주로 내려가 이후 원주를 떠나지 않았다. 1953년 원주 대성학원 설립에 참여하고 초대 이사장으로 취임했다. 1980년대에는 원주의 '한살림운동'을 주도하면서 호를 '한 알의 작은 좁쌀'이라는 뜻의 '일속자'로 바꾸고 산업문명으로 파괴된 자연 복구를 주장하는 생명사상 운동을 펼쳤다.

유학·노장사상에도 조예가 깊었고, 특히 최시형(崔時亨)의 사상과 세계관에 많은 영향을 받아 일명 '걷는 동학(東學)'으로 통했다. 서예에도 뛰어났는데, 서화 가운데 특히 난초를 잘 그렸고, 만년에는 난초 그림에 사람의 얼굴을 담아내는 '얼굴 난초'로 유명했다.

Week 11

태산은 한 줌의 흙도 버리지 않았기에 큰 산이 되었고

초기의 종교는 어느 나라, 어느 시대에도 탄압받았다. 새로운 것이 공인받기 위해서는 오랜 고난과 시간이 필요하다. 현재 서방세계를 지배하는 기독교도 초기에는 로마시대의 숱한 탄압을 견뎌내고 콘스탄티누스 대제 때 정식 국교로 인정받았다. 불교 역시 마찬가지로 우리나라에 들어올 때 많은 수난을 겪었다. 천주교는 조선 말기 실학파를 중심으로 중국으로부터 들어왔는데, 수많은 박해가 거듭되면서 서서히 민초 속으로 뿌리를 내렸다.

흑산
(학고재, 2011)

작가 김훈은 이순신 장군을 그린 『칼의 노래』(생각의나무, 2001)로 동인문학상을 수상했다. 그는 역작을 내고 난 뒤 오랜 침묵을 지키다 『흑산』을 세상에 내놓았다. 제목이 암시하듯 이 책은 흑산도를 주제로 한 소설이다. 스토리는 정약전의 귀양을 중심으로 풀어갔지만, 전반적으로는 조선의 천주교 박해사에 대한 이야기이다.

순조 즉위 후 1801년 신유박해로 동생 정약종이 순교하고, 정약전은 흑산도로, 정약용은 강진으로 유배 길에 오른다. 정약전은 조선 정조 시대 최고의 석학으로 알려진 정약용의 둘째 형이다. 정약용은 겉으로 배교를 해서 생명을 부지하게 된다. 비록 개인적으로는 신념을 숨겨 목숨을 구걸하는 삶을 살았지만 조선 후기 그가 우리 정치·문학사에 남긴 눈부신 성과들은 우리 문학사에 큰 족적을 남겼다.

조선 시대의 권력층은 보수적인 태도로 기득권을 지켰고, 따라서 신분제에 반대하는 천주교는 하층 계급 위주로 퍼져 나갔다. 따라서 천주교 박해의 여파는 대부분 기생, 노비, 마부, 역관 등 서민층에게 미쳤다. 하지만 일부 선각자인 양반층도 천주교에 동참했는데, 정약용 가문이 그 중심에 있었다. 그로 인해 정약용 가문은 많은 피해를 입었다. 본가는 물론 사위조차도 박해를 피해 갈 수 없었다. 새로운 문물이 들어오는 데 있어 많은 저항과 희생은 필연적이다.

흑산도는 요즈음에는 관광이나 홍어 잡이로 유명하지만, 조선시대에는 유배지에 불과했다. 정약용의 형 정약전도 흑산도로 유배를 갔다. 그곳에서 유배 생활을 하는 동안, 정약전은 물고기의 생태를 파악한

『자산어보(玆山魚譜)』를 집필했다. 『자산어보』에는 '창대(昌大)가 말하기를' 이라는 표현이 도합 아홉 번 나온다. 장창대라는 현지 어민의 도움을 받아 책을 집필한 것이다. 서문에서도 '덕순 장창대' 라는 인물과 함께 연구해 책을 완성했다고 밝혔다. 실제 물고기를 해부한 듯이 묘사한 것이 자못 놀랍고, 그 뛰어난 관찰력이 우리나라 어류 연구에 큰 도움이 되었다.

『자산어보』에 대한 이견도 있다. 『자산어보』가 아니라 『현산어보』라는 명칭이 올바르다는 이론이다. 발단은 이렇다. 정약전은 『자산어보』의 서문에 '자산자 흑산야(玆山者 黑山也)' 라는 구절을 남겼는데, 이는 '자산이 곧 흑산이다' 라는 뜻이다. 그리고 옥편에는 '자' 자가 '잔 초목이 우거지다' 라는 의미로 쓰이는데, 검다는 의미로 사용할 때는 '현' 이라고 읽는다' 라고 설명되어 있다. 또 다른 해석으로 '자(玆)' 는 '검을 현(玄)' 자를 중복해서 쓴 것이라는 주장도 있다. 결국 '현산' 은 '흑산' 의 또 다른 이름이라는 뜻이다.

한 사람의 삶은 비록 미미하지만 역사에 한 획을 그을 수 있는 것도 바로 그 한 사람이다. '태산은 한 줌의 흙도 버리지 않았기에 큰 산이 되었고, 황하는 실개천의 물 한줄기도 버리지 않았기에 그 깊이를 유지할 수 있었다' 라는 중국 진나라 이사(李斯)의 말처럼, 작은 것일지라도 모이면 큰 것을 이룰 수 있기 마련이다. 이러한 사람들의 노력이 모여 우리 역사를 만들고 후세까지 밝혀주는 것이다.

인물 정보

김훈

김훈은 서울에서 출생했고 1948년생이다. 고려대학교 영문학과를 중퇴하고 한국일보에 들어가 신문기자 생활을 시작한다. 한국일보를 거쳐 시사저널과 한겨레신문 등에 적을 두기도 했다. 신문기자를 그만둔 뒤 본격적으로 전업 소설가로 나선다. 저서로 에세이 『내가 읽은 책과 세상』, 『선택과 옹호』, 『문학기행 1, 2』(공저), 『풍경과 상처』, 『자전거 여행』 등과 소설 『빗살무늬토기의 추억』, 『칼의 노래』, 『현의 노래』, 『강산무진』, 『남한산성』 등이 있다.

Week 12
조선 선비들이 아들에게 보낸 편지

세미나 참석 차 제주도에 왔다. 세미나의 메카인 제주의 5월은 무척이나 바쁘다. 연휴에 여행을 온 중국, 일본인 관광객들과 수학여행을 온 중·고등학교 학생들 때문에 공항은 거의 시장통 같다. 지금은 5월이라 서울은 봄인데, 우리나라 최남단 제주도는 벌써 여름이 온 것 같다. 제주도를 방문할 때마다 항상 느끼는 것이지만, 눈앞에 펼쳐진 이국적인 풍경에 과연 우리나라가 맞는지 의아한 생각이 들 정도이다. 공항에서 야자수를 마주치면 그런 이국적인 기분이 들곤 한다.

 아들아 영원히 살 것처럼 배우고 세상을 다 품은 것처럼 살아라
(함께, 2008)

서양에는 필립 체스터필드(Philip Chesterfield)가 아들에게 보낸 편지를 엮어 만든 책이 지금까지 교양서로 꾸준히 인기를 누리고 있다. 국내에도 여러 이름으로 번역되어 나와 있으며, 가장 최근 것이 『아들아 영원히 살 것처럼 배우고 세상을 다 품은 것처럼 살아라』이다. 소소한 가족사라기보다는 어찌 보면 자식 교육을 위한 자기 개발서 수준의 글이며, 시대를 뛰어 넘어 아직도 스테디셀러로 자리잡고 있다. 이 외에 자식과의 대화를 책으로 엮은 것은 거의 없는 것으로 알고 있다.

아버지의 편지
(김영사, 2008)

그런데 최근 우리나라에서 조선 선비들이 아들에게 보낸 편지가 책으로 묶여 나왔다. 정민 저자의 『아버지의 편지』가 바로 그것이다. 이황, 백광훈, 유성룡, 이식, 박세당, 안정복, 강세황, 박지원, 박제가, 김정희 등 조선 후기의 유학자 10인이 아들에게 보낸 편지를 엮은 것이다.

가족 간의 대화 부재는 예전보다 지금이 더 심한 것 같다. 가부장적인 사회에서 아버지와 아들의 대화는 점점 더 어려워져가고 있다. 엄마와 딸, 엄마와 아들 간의 대화는 비교적 잘 오가는 편이지만, 아버지와 아들 간의 대화는 거의 없는 듯싶다. 그나마도 대화가 아닌 문자나 이메일을 이용한 일방적인 지시나 전달이 대부분이다. 그렇다면 그 옛날 조선시대, 부자간의 대화는 어땠을까?

대화의 방식이나 주제, 내용은 그때나 지금이나 대동소이하다고 본다. 아버지의 일방적인 훈계가 주를 이룬다. 하지만 마치 치맛바람 같은 극성스런 어머니의 사랑과는 전혀 다른 아버지의 자식 사랑이 있다. 언제나 마음속에 품고 있는, 자식에 대한 아버지의 사랑은 예나 지금이나 변함이 없다.

　아버지가 아들에게 보내는 조선 시대의 편지는 대개 자식들의 공부에 관한 내용이 주를 이룬다. 당시 최대 관심사였던 과거시험에 관한 이야기이다. 요즈음은 취업하기가 하늘의 별따기보다 어려운 시기이니, 고시보다는 도리어 취직시험을 과거시험에 비할 수 있을 것 같다.

　이 책을 읽으면서 예나 지금이나 기러기 아빠들이 많았구나 하는 생각이 들었다. 지금은 자녀들의 외국 유학 때문에 아버지가 고국에 남아 돈을 벌어야 해서 자발적 기러기 신세가 되었지만, 예전에는 지방 선비가 서울에 부임하면 두 집 살림을 할 수밖에 없어 어쩔 수 없이 기러기 신세가 되었다. 서울의 고관대작들에게는 아무 일도 아니지만, 지방 말직이나 선비들은 급여가 박해서 공무상 가족과 떨어져 살아야 할 수밖에 없었다.

　나는 이 모든 것이 교육문제 때문이라고 생각한다. 자식 교육을 위해 생활비를 쪼개 책과 문방사우를 사서 보내주는 모습은 현대의 아버지와 다를 바가 없다. 무뚝뚝하기로는 세상에서 둘째가라면 서러워할 우리의 아버지들이지만, 편지의 내용에는 너무나도 세세한 삶이 녹아 있다. 사소한 일상사까지 걱정하는 모습에서 조선 선비의 또 다른 면모를 볼 수 있다.

비록 표현하는 데 인색할지라도 항상 집안일과 자식 걱정으로 한 평생을 살아가는 것이 우리 아버지들의 자화상이다. 특히 연암 박지원의 편지를 읽다보면 살가운 부정을 느낄 수 있다. 박지원의 초상을 보면 외모는 우락부락한 무장 타입인데, 편지에서 느껴지는 것은 그 반대의 모습이다. 혼자 현감을 지내며 남자가 고추장을 담았다는 것도 기이하지만, 보내준 고추장을 잘 먹었다는 답신이 없어 서운해 하는 모습은 예나 지금이나 똑같은 것 같다.

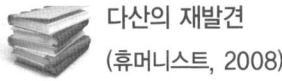
다산의 재발견
(휴머니스트, 2008)

『아버지의 편지』에서 다소 아쉬운 점은 조선시대 최고의 석학으로 자식들과 편지 교류를 가장 많이 한 정약용의 서찰이 빠져 있다는 것이다. 대신 정민 저자의 『다산의 재발견』에는 다산이 자식들과 주고받은 편지 외에도 문인 및 제자들과 주고받은 편지도 함께 수록되어 있다. 특히 관심을 끄는 것은 비단 치마폭에 그린 〈매조도(梅鳥圖)〉인데, 다산이 딸에게 그려 준 것으로 시와 함께 어우러진 그림의 정취가 일품이다. 조선시대 우리 아버지들의 관심사나 생활 면모를 볼 수 있는 좋은 책으로, 오늘날의 아버지들에게 잔잔한 파문을 일으켜 줄 것이다.

인물 정보

정약용

자는 미용(美鏞). 호는 다산(茶山) · 사암(俟菴) · 여유당(與猶堂) · 채산(菜山) · 근기(近畿). 남인 가문 출신으로 정조(正祖) 연간에 문신으로 사환(仕宦)했으나, 청년기에 접했던 서학(西學)으로 인해 장기간 유배생활을 했다. 그는 이 유배기간 동안 자신의 학문을 더욱 연마해 육경사서(六經四書)에 대한 연구를 비롯, 일표이서(一表二書, 經世遺表 · 牧民心書 · 欽欽新書) 등 모두 500여 권에 이르는 방대한 저술을 남겼고, 이 저술을 통해 조선 후기 실학사상을 집대성한 인물로 평가되고 있다.

Week 13

외국인이 본 한국인, 한국인이 본 한국인

소크라테스가 '너 자신을 알라'라고 말할 정도로 우리는 우리에 대해 너무 모르고 있다. 나 자신도 잘 모르니 우리나라에 대해서는 더욱 그렇다. 물론 역사적인 내용은 학창 시절 국사 시간에 배우고 시험도 보고 해서 잘 알고 있다. 그러나 정작 우리의 정체성(Identity)에 대해서는 잘 모르고 있다. 과연 우리 한국인은 누구인가?

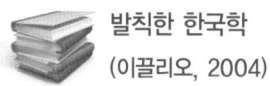
발칙한 한국학
(이끌리오, 2004)

나를 아는 가장 쉬운 방법은 남의 평가를 들어 보는 것이다. 먼저 외국인이 본 한국인에 대해 알아보자. 스콧 버거슨의 『발칙한 한국학』은 독특하다. 저자는 자칭 문화 건달이라고 하면서 한국의 문화에 대해 직설적으로 이야기한다. 1장은 한국에 대한, 너무나 이상한 이야기들로 꾸며져 있다. 2장은 한국에 있는 외국 마을 표류기로 구성되어 있다. 3장은 자신이 아는 사람들로, 4장은 자신의 친구가 들려주는 흔치 않은 이야기로 엮었다.

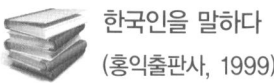
한국인을 말하다
(홍익출판사, 1999)

이보다 5년 전 출간된 『한국인을 말하다』는 타임스(The Times)의 서울 특파원이었던 마이클 브런 기자가 한국인도 모르는 한국의 이면에 대해 쓴, 외신 기자 15년의 생활 보고서이다. 1장은 '사회 가치', 2장은 '경제', 3장은 '정치'로 구성되어 있다.

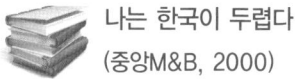
나는 한국이 두렵다
(중앙M&B, 2000)

또 한 명의 미국인이 쓴 책은 흔히 암참(AMCHAM)으로 불리는 주한미국상공회의소의 회장을 수년간 역임한 제프리 존스의 『나는 한국이 두렵다』이다. 1장은 '한국인이 모르는 한국, 한국인', 2장은 '나는 왜 한국인을 두려워하는가', 3장은 '한국이 정말로 뜨기 위해 고쳐야 할 점', 4장은 '새로운 세상의 '빅 브라더'는 한국이다'로 구성되어 있다. 미국인이 본 한국인에 대해서는 주로 서민들의 생활을 많이 다루었으며 다소 우호적으로 쓰여 있다.

한국이 죽어도 일본을 못 따라잡는 18가지 이유
(사회평론, 1997)

미국인 외에 일본인이 쓴 책도 있다. 모모세 타다시의 『한국이 죽어도 일본을 못 따라잡는 18가지 이유』는 한때 베스트셀러였다. 저자는 한국에서 27년간 사업을 한 일본 상사 주재원인데, 그동안 한국에서 느낀 것들을 유쾌하게 꼬집고 있다.

일본 여자가 쓴 한국 여자 비판
(현대문학, 1999)

또 도다 이쿠고의 『일본 여자가 쓴 한국 여자 비판』은 외모로만 승부하는 한국 여성을 비판하고 있다. 이처럼 외국인의 눈에 비친 우리의 모습은 좋은 점만 있는 게 아니다.

한국인의 의식구조 전 4권 | 한국인, 이래서 못 산다
(신원문화사, 1983) | (신원문화사, 2000)

그러나 한국인에 대해서는 아무래도 우리가 더 잘 알고 있지 않을까. 우리 자신에 대해 냉정하게 평가한 책은 이 땅의 토박이 이규태가 쓴 『한국인의 의식구조 1, 2, 3, 4』이다. 저자는 언론기자 출신으로 전

조선일보 논설위원을 지냈다. 그가 가장 최근에 쓴 책은 『한국인, 이래서 못 산다』이다. 이 책은 한국인 저변에 흐르는 어두운 면과 악습들을 냉정한 시각으로 진단했다.

동남아시아에서 통용되는 한국말 '빨리빨리'는 나쁜 버릇이라고 할 수도 있지만, 덕분에 다른 나라보다 빨리 성장할 수 있었던 것도 사실이다. '빨리빨리'는 최단기일에 고속도로를 완성하고 한강의 기적을 일으킨 원동력이 되었다. 어느 민족이나 장단점은 있고, 그들에게 주어진 시간과 능력에는 한계가 있기 마련이다. 그렇다면 장점을 키울 것이냐, 단점을 보완할 것이냐 하는 선택은 우리들의 몫이다. 다시 한 번 『손자병법』을 되새겨본다. 지피지기 백전불태(知彼知己 百戰不殆) 즉, 나를 알고 상대를 알면 절대로 위태로워지지 않는다.

인물 정보

이규태

대한민국의 언론인으로, 연세대학교 화학공학과를 졸업하고 1959년 조선일보에 입사해 문화부, 사회부, 편집부 기자를 거쳐 논설위원을 역임했다. 1983년 3월부터 2006년 2월 23일까지 《조선일보》에 〈이규태 코너〉를 연재했는데, 23년 동안 6702회를 기고해 대한민국 언론사상 최장기 칼럼 기록을 세웠다. 지하 서재에 책이 가득할 정도로 풍부한 독서량에 근거한 많은 식견과 깔끔한 문체로 쓴 〈이규태 코너〉는 한민족 우월주의를 부추겼다는 비판을 받기도 한다. 중학교 국어교과서에 근검절약에 대한 그의 칼럼이 실린 바 있다.

Part 2
Summer
이웃 문화 엿보기

Week 14

동양철학의 입문서

　금세기 최고의 천재 스티브 잡스는 "소크라테스와 이야기를 나눌 수 있다면 나의 기술을 주어도 좋다"라고 이야기했다는데, 이는 인문학의 중요성에 대해서 말한 것임과 동시에 인문학이 시대를 변화시키는 원동력이라는 점을 시사한다. 이처럼 과학은 인문학과의 융합을 꾀하고 있는 것이 사실이다. 과학이 발달하면 할수록 인문학과 멀어지는 것이 아니라 도리어 가까워지면서, 과학은 인문학으로부터 많은 것을 얻어 내고 있다.

　인문학의 백미는 뭐니 뭐니 해도 고전(古典)이다. 최근 현대 경영 분야에서도 고전은 대세이다. 학교에서는 인문학이 차가운 대접을 받지만, 사회에서는 뜨거운 대접을 받고 있다. 역설적이게도 학교에서는 인문학 강좌가 폐강되기 일쑤인데, 사회에서는 인문학 강연이 줄을 잇고 있다.

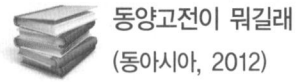
동양고전이 뭐길래
(동아시아, 2012)

중국의 주희가 진리를 터득하고 성인이 되기 위해 경전을 읽었다면, 일반인은 비판의식을 가진 건전한 시민이 되는 데 도움을 얻고자 경전을 읽는다고 말한다. 그런 맥락에서 신정근 교수의 『동양고전이 뭐길래』는 필독해 볼 가치가 있다. 저자는 성균관대학교 교수로 많은 한국학 관련 학회에서 활발히 활동하고 있으며, (사)선비정신과 풍류연구소를 운영하고 있다. 많은 저서를 가지고 있고, 최근에 『마흔, 논어를 읽어야 할 시간』(21세기북스, 2011)으로 우리에게 가까이 다가온 동양철학자이다.

『동양고전이 뭐길래』는 중국 고전의 핵심 명저 팔경(八經), 오서(五書), 십이자(十二子) 25권에 대한 해설서로, 동양철학의 입문서이다. 팔경 중 『주역(周易)』에서 자력 구원의 길을, 『시경(詩經)』에서 주나라 건국 신화를, 『서경(書經)』에서 덕의 나라를, 『예기(禮記)』에서 상호 존중의 정신을, 『춘추(春秋)』에서 사후 심판을, 『악경(樂經)』에서 인간의 쾌감 본능을, 『이아(爾雅)』에서 동일성의 제국을, 『효경(孝經)』에서 영생을 향한 인간의 욕망을 읽어내고자 했다.

5서 중 『논어(論語)』에서 사람다운 삶을, 『맹자(孟子)』에서 올바른 삶의 근원을, 『대학(大學)』에서 삶의 진화를, 『중용(中庸)』에서 기우뚱한 균형의 혁명 논리를, 『소학(小學)』에서 가학적 도덕의 특징을 밝히고자 했다.

    12자 중 『관자(管子)』에서 소인 시대의 개막을, 『묵자(墨子)』에서 급진적 이상주의를, 『노자(老子)』에서 모순 없는 차이의 창조를, 『장자(莊子)』에서 변신 유희의 자유를, 『순자(荀子)』에서 제국의 설계를, 『손자(孫子)』에서 주관 능동성의 발휘를, 『한비자(韓非子)』에서 멸사봉공의 이데올로기를, 『상군서(商君書)』에서 국가주의의 기획을, 『전국책(戰國策)』에서 조작주의 사고를, 『공손룡자(公孫龍子)』에서 개별자의 존엄성을, 『양주(楊朱)』에서 핍박보다 나은 죽음의 역설을, 『추연(騶衍)』에서 역사의 분할을 드러내고자 했다.

    이처럼 우리 동양철학도 다양한 사상과 논조를 가지고 있다. 그럼에도 불구하고 우리는 그동안 서양철학, 서양 고전에만 익숙해져 있었다. 아마도 교과서에 적게 나오고, 학교에서도 대학입시에 출제되는 것들을 중심으로 공부해서 그럴 것이다. 그리고 우리는 동양, 특히 한문 서적을 공부하는 것이 고리타분하다는 선입견에 빠져 있는 것도 사실이다. 하지만 우리 문화권에 있는 고전이야말로 우리의 현실에 귀감이 되는 사례가 될 것이다. 비단 역사만 반복되는 것이 아니라 사상도 되풀이되는 것이라고 생각한다.

    이번 주는 시작을 스티브 잡스로 했으니 마무리 역시 그의 말로 맺을까 한다. '인문학과 기술의 교차점에 애플이 있다. 세계 유수 IT 업체들이 기술을 앞세워 경쟁하지만, 이를 압도할 힘은 인문학에서 나온다.' 금세기의 가장 뛰어난 창의력을 지닌 IT 천재의 말이니 다시 한 번 생각해 볼 필요가 있다.

인물 정보

신정근

서울대학교 대학원에서 철학박사학위를 취득했다. 현재 성균관대학교 동양철학학과 교수로 재직 중이며 (사)선비정신과 풍류문화 연구소를 운영하고 있다. 저서로는 『마흔, 논어를 읽어야 할 시간』, 『동양철학의 유혹』, 『논어의 숲, 공자의 그늘』, 『어느 철학자의 행복한 고민』, 『사람다움이란 무엇인가』 등 다수가 있다.

Week 15

어찌 보면 간단해 보이고
어찌 보면 심오해 보이는

니체는 『도덕경』에 대해 '영원히 마르지 않는 샘물처럼 값진 보물들로 가득 차 있어서, 두레박을 내리기만 하면 그 보물을 쉽게 얻을 수 있다'라고 했다. 서양의 대 철학자들이 즐겨 읽었던 『도덕경』은 중국의 유가와 쌍벽을 이루는 동양사상의 핵심이다.

노장사상은 『노자』에서 모순 없는 차이의 창조를, 『장자』에서 변신 유희의 자유를 설파했다. 또한 인위를 배격하고 자연을 존중할 것을 강조했다. '무위무불위(無爲無不爲)'로 시작되는 『도덕경』의 핵심어는 바로 '무위'이다. 무위(無爲)를 영어로 직역하면 'do nothing'이 되겠지만, 그 뜻을 가장 잘 함축해서 번역해 놓은 말은 'Creative Quietude', 즉 창조적 고요함이다.

『노자』는 중국 도가철학의 시조인 노자(老子)가 지었다고 전해지는 책으로 『노자도덕경』이라고도 한다. 약 5,000자, 81장으로 이루어져 있으며, 상편 37장의 내용을 '도경(道經)', 하편 44장의 내용을 '덕경(德經)'이라고 한다. 노자가 지었다고 하나 한 사람이 쓴 것이라고는 볼 수 없고, 여러 차례에 걸쳐 편집된 흔적이 있는 것으로 보아 오랜 기간 동안 많은 변형 과정을 거쳐 기원전 4세기경 지금과 같은 형태로 고정되었다고 여겨진다.

여러 가지 판본이 전해오고 있는데 가장 대표적인 것으로는 한(漢)나라 문제(文帝) 때 하상공(河上公)이 주석한 것으로 알려진 '하상공본', 그리고 위(魏)나라 왕필(王弼)이 주석하였다는 '왕필본' 두 가지가 있다. 그리고 전문이 남아 있는 것은 아니지만, 둔황(敦煌)에서 발견된 '당사본(唐寫本)'과 '육조인사본(六朝人寫本)'이 있고, 여러 곳에 도덕경비(道德經碑)가 아직도 흩어져 있어 노자의 경문을 살펴보는 데 좋은 자료가 되고 있다.

 | 노자이야기 (무위당, 2003) | 노자와 21세기 1.2.3 (통나무, 1999) | 노자잠언록 (보부스, 2009)

『도덕경』은 우리나라에서는 정장본, 문고판 등으로 번역되어 읽혀 왔다. 장일순의 『노자이야기』는 조금 특이한 책으로, 천주교 평신도회장이 풀어낸 노자 이야기이다. 동·서양과 천주교, 불교를 넘나들며 해박한 지식으로 풀어 쓴 책이다. 김용옥의 『노자와 21세기 1, 2, 3』은 평

론집 형태의 책으로 노자의 사상을 자세히 설명했다. 최근에는 중국 작가 황천춘이 편저한 『노자잠언록』에 의해 노장사상이 우리 곁으로 다가왔다.

사실 『도덕경』은 어찌 보면 간단명료해서 알 것 같기도 하고, 또 다르게 보면 심오함이 깃든 것 같기도 한 오묘함을 지니고 있다. 별다른 해설을 붙이는 것보다는 그저 좋은 구절 그 자체를 음미하는 것이 더 나을 듯싶다.

잡아서 가득 채우기보다는 멈추는 것이 더 낫다.
持而盈之, 不如其已. ―9장
공이 이루어지면 자신은 물러나는 것이 하늘의 도리이다.
功遂身退, 天地道. ―9장
스스로 드러내지 않기에 밝아지고, 스스로 옳다 하지 않기에 두드러지고, 스스로 자랑하지 않기에 공을 세우게 되고, 스스로 높이지 않기에 오래 갈 수 있다.
不自見 故明, 不自是 故彰, 不自伐 故有功, 不自矜 故長. ―22장
좋은 행동은 흔적이 없고, 좋은 말은 흠이 없다.
善行無轍跡, 善言無瑕謫. ―27장
만족할 줄 아는 이는 부자이다.
知足者富. ―33장

만족할 줄 알면 모욕을 당하지 않고, 그칠 줄 알면 위태롭지 않아 오래 갈 수 있다.

知足不辱, 知止不殆, 可以長久. ―44장

아는 이는 말하지 않고, 말하는 이는 알지 못한다.

知者不言, 言者不知. ―56장

억지로 하는 일이 없기 때문에 패하는 일이 없고, 집착하지 않기 때문에 잃을 것이 없다.

無爲故無敗, 無執故無失. ―64장

말에는 으뜸이 있고, 일에는 중심이 있다.

言有宗, 事有君. ―70장

미더운 말은 아름답지 않고, 아름다운 말은 미덥지 않다.

信言不美, 美言不信. ―81장

결과를 이루어도 자랑하지 말고, 결과를 이루어도 뽐내지 말고, 결과를 이루어도 교만하지 말라.

果而勿矜, 果而勿伐, 果而勿驕. ―30장

빼앗기 위해서는 먼저 주어야만 한다.

將欲奪之, 必固與之. ―36장

가장 좋은 것은 그런 것이 있는 줄도 모르는 것이다.

太上, 不知有之. ―17장

지혜로운 자는 넓지 않고, 넓은 이는 지혜롭지 못하다.

知者不博, 博者不知. —81장

큰 곧음은 굽은 듯하고, 뛰어난 솜씨는 졸렬한 듯하고, 잘하는 말은 어눌한 듯하다.

大直若屈, 大巧若拙, 大辯若訥. —45장

천하의 어려운 일은 반드시 쉬운 일에서 일어나고, 천하의 큰일은 반드시 작은 일에서 일어난다.

天下難事, 必作於易, 天下大事, 必作於細. —63장

아무리 하찮은 일일지라도, 무릇 세상사 모든 일은 아주 작고 쉬운 것에서 비롯된다는 만고의 진리를 깨우쳐야 한다. 지금 하고 있는 일이 바로 자신의 인생을 좌우하는 일이라는 것을 잊지 말아야 한다.

인물 정보

노자(老子)

『사기』에 의하면 노자의 성은 이(李), 이름은 이(耳)이며, 자는 백양(伯陽), 시호는 담(聃)으로, 춘추시대 초(楚)나라 고현 출신이다. 기원전 551년경 공자가 막 태어날 무렵 그는 주나라 왕실의 장서실을 지키는 관리였다. 나라의 부패와 어리석고 음란한 통치자를 증오한 그는 관직을 내놓고 서쪽으로 떠난다. 푸른 소를 타고 함곡관에 이르렀을 때 문지기 윤희의 간청에 의해 상하 5천여 자로 된 책에 가르침을 남겼다. 그것이 바로 『노자도덕경』이다.

Week 16

현대적 감각으로 중용 읽기

동양철학의 근간을 이루는 고전으로는 사서(四書) 삼경(三經)이 있다. 사서는 『논어(論語)』, 『맹자(孟子)』, 『대학(大學)』 그리고 『중용(中庸)』이다. 사서 중 『논어』에서 사람다운 삶을, 『맹자』에서 올바른 삶의 근원을, 『대학』에서 삶의 진화를, 『중용』에서 기우뚱한 균형의 혁명 논리를 밝히고자 했다.

『대학』과 『중용』은 원래 『예기』의 한 부분에 지나지 않았다. 송나라 주희가 두 책을 독립시켜 『논어』, 『맹자』와 함께 읽어야 할 책, 즉 사서로 삼았다. 사서 중 가장 유명한 『논어』는 누구나 한 번쯤은 접해보았을 것이다. 그러나 『맹자』, 『대학』, 『중용』은 접할 기회가 적다. 특히 『대학』과 『중용』은 분량은 많지 않은데도 사실 너무 어려운 책이다. 그래서 근자에는 『대학』과 『중용』에 대한 해설, 또는 현대적 감각에 맞게 재해석하는 책들이 많이 나오고 있다.

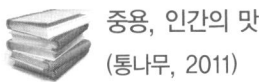
중용, 인간의 맛
(통나무, 2011)

최근에 도올 김용옥의 『중용, 인간의 맛』이 나왔다. 저자 김용옥의 이력은 매우 특이하다. 일단 학력부터, 우리나라의 고려대학교, 일본의 동경대학교, 대만의 국립대학교, 미국의 하버드대학교를 모두 섭렵했다. 한국, 미국, 일본, 대만에 있는 최고의 대학교를 모두 다닌 것이다. 집안 역시 명문으로 형이 우리나라 최초의 화학박사이다. 또한 아내도 중어문문학과 교수이다. 모태신앙으로 태어나 불교에 심취하다가 동양사상에 빠져든, 철학자로서 손색없는 재원이다. 최근에는 정치적 발언으로 구설수에 오르긴 했어도 이 시대를 대변하는 지성인임에는 틀림없다.

그는 본인의 '몸' 철학을 위해 원광대학교 한의학과를 졸업한 특이한 이력도 가지고 있다. 근자에는 영화 시나리오도 썼고, 교육방송에서 하는 그의 동양철학 강의는 반응이 뜨겁다. 교육방송 방송통제를 이유로 출연 거부 사태를 빚는 등 약간의 문제아 기질도 있다. 한편으로는 국내 교수들의 외부 강의료를 높이는 데 그가 공헌한 바가 있을 것이다. 당시 강의료는 통상 한 시간에 10만 원 정도였는데, 최소 두 시간 강의를 하며, 시간당 50만 원의 강의료라는 파격적인 조건을 제시했고,

실제로 그렇게 강의를 했다. 이런 저런 기행으로 유명하지만 그래도 그가 쓴 책의 순도는 높다. 그는 다작이 특기이고 한 번 주제를 잡으면 일필휘지로 써내려가는 것이 작품 활동의 특징이기도 하다.

나는 동양사상입문특강『여자란 무엇인가』(통나무, 1986)라는 책으로 도올과 처음 만났다. 매우 충격적이고 신선해서 그 후로 그가 낸 책 대부분을 읽었다. 직접 강의도 듣고 교육방송의 강의도 열심히 보았다. 김우중과의『대화』(통나무, 1991),『나는 불교를 이렇게 본다』(통나무, 1990),『동양학 어떻게 할 것인가』(통나무, 1990),『화두, 혜능과 셰익스피어』(통나무, 1998),『도올 김용옥의 신한국기』(통나무, 1998),『너와 나의 한의학』(통나무, 1993) 외에도 수많은 저술이 있고, 지금도 신작을 내고 있다. 그의 책 중 마지막으로 접한 것이『노자와 21세기 1,2,3』이다.

| 노자를 웃긴 남자 | 도올에게 던지는 사자후 |
| (자인, 2000) | (화두, 2001) |

물론 한 사람의 주장이 절대적으로 옳다고 볼 수는 없다. 그래서 많은 비판을 받고 있는 것도 사실이다. 도올의『노자와 21세기』에 대한 비판서로 이경숙의『노자를 웃긴 남자』는 일반인으로서 도올의 번역에 대한 문제점을 지적해 세간의 주목을 끌었다. 서병후의『도올에게 던지는 사자후』는 도올이 가진 불교에 대한 오해를 신랄하게 비판하기도 했다. 이 두 권 외에도 도올의 번역과 논리에 대해 비판하는 책은 많다.

동양철학적 관점에서 보는 중용(中庸)에서의 '중'은 물리적이고 산술적인 의미가 아니라 객관적인 맥락에서 어디에도 치우치거나 기울어지지 않는 균형과 공정을 말한다. '용'은 일상생활에서 바람직한 행위를 반복하여 그 전으로 돌아가지 않도록 습성을 길들이는 것이라고 할 수 있다.

반면에 서양철학에서 아리스토텔레스는 중용이 양극단의 중간대로 살아가는 습성을 기르는 것이라고 본다. 예컨대 위험한 상황에서 무조건 피하고 보는 비겁과 앞뒤 가리지 않고 덤비는 무모와 다른 용기가 중용이라고 본 것이다. 아리스토텔레스가 말하는 '중용'은 이런 것이다.

용기(courage)는 비겁(cowardice)와 만용(rashness)의 중용이며, 너그러움(liberty)은 낭비(prodigality)와 인색(meanness)의 중용이며, 기지(ready wit)는 익살(buffoonery)과 아둔(boorishness)의 중용이며, 긍지(proper pride)는 허영(vanity)와 비굴(humility)의 중용이며, 겸손(modesty)는 수줍음(bashfulness)과 몰염치(shamelessness)의 중용이다.

동서양에서 생각하는 중용은 다소 차이가 있다. 지나친 흑백논리로 상대를 매도하는 일이 심심찮게 벌어지는 요즘, 중용의 미덕이 더욱 필요한 시대라고 본다. 그렇다고 흰색도 아닌, 그렇다고 흑색인 것도 아닌 애매한 회색을 중용이라고 보지 않는다. 두 극단 중에 하나는 더 잘못된 것이며, 다른 하나는 덜 잘못된 것이다. 그래서 중간을 맞추기가 어렵다. 차선의 방법으로 악 가운데 가장 적은 악을 취하는 것이다. 하여튼 우리는 잘못을 범하는 것으로부터 멀리 떨어짐으로써 중용에 도달할 수 있을 것이다. 어느 한 쪽에 치우쳐 부화뇌동(附和雷同)하는 것이 아니라, 비록 반대 의견일지라도 충분히 듣고 자기 논리의 정당성을 주장하는 용기가 바로 중용이 아닌가 싶다.

참고로 중용의 흔적은 우리 생활 속 궁궐 대문에 남아 있다. 서울 창덕궁의 대문 이름인 돈화문은 중용의 '대덕돈화(大德敦化—큰 덕은 백성들을 가르치어 감화시킴을 도탑게 한다)'에서 온 것이며, 남대문의 이름인 숭례문은 역시 중용의 '돈후이숭례(敦厚以崇禮—지켜야 하는 마음가짐을 채움으로써 두텁게 한다)'의 마지막 두 글자이며, 정도전이 그 이름을 짓고 양녕대군이 현판 글씨를 썼다.

인물 정보

김용옥

호는 도올(檮杌). 고려대학교 생물학과, 한국신학대학에서 공부하다가 고려대학교 철학과로 편입해 동양고전과 서양고전을 공부하게 된다. 국립대만대학교 철학과 대학원에서 노자철학으로 석사를, 일본 동경대학교 중국철학과 대학원에서 명말청초의 사상가 왕 후우즈(王夫之, 1619~1692)의 우주론으로 석사를, 그리고 미국 하버드대학교 대학원에서 왕 후우즈의 『주역』 해석을 둘러싼 문제들을 동·서 고전철학의 다양한 시각으로 분석하여 박사학위를 획득했다.

1999년 EBS 노자 강의를 시작으로 KBS, MBC, SBS에서 200여 회 고전 강의를 했다. 이는 고등 학문의 세계를 일반 대중의 삶의 가치로 전환시키는 데 획기적인 기여를 했으며 인문학의 대중소통시대를 열었다.

중앙대학교, 순천대학교, 세명대학교 등지에서 석좌교수로서 재직했으며, 저서로는 『여자란 무엇인가』(1986), 『동양학 어떻게 할 것인가』(1986), 『절차탁마대기만성』(1987), 『중고생을 위한 철학강의』(1986), 『노자철학 이것이다』(1989), 『나는 불교를 이렇게 본다』(1989), 『시나리오 장군의 아들』(1990), 『독기학설(최한기의 삶과 생각)』(1990), 『도올세설』(1990), 『대화』(1991), 『도올논문집』(1991), 『너와 나의 한의학』(1993), 『건강하세요 I 』(1998), 『화두, 혜능과 셰익스피어』(1998), 『노자와 21세기1, 2, 3』(1999~2000), 『달라이라마와 도올의 만남1, 2, 3』(2002), 『도올의 청계천 이야기』(2003), 『기독교성서의 이해』(2007) 등 다방면에 걸친 많은 저술이 있다.

Week 17

21세기에 읽는 손자병법

    중국의 춘추전국시대는 백가쟁명(百家爭鳴)으로 각종 사상이 난무했던 시절이다. 중국의 으뜸 사상인 공자의 유교, 노자·장자의 노장사상, 한비자의 법가 등 쟁쟁한 학문들이 우후죽순처럼 탄생하고 정립되었다. 춘주전국시대는 또한 서로 죽고 죽이는 약육강식의 시대, 전쟁의 시기이기도 하다. 이러한 혼란기에 전쟁 철학을 만든『손자병법』이 태어나게 된 것이다.

    손자병법은 손자(孫子)가 지은 병서 13편을 가리킨다. 기원전 504년에 작성된 것은 82편 6,080자였다. 손자는 춘추시대 말 오(吳)나라에서 활약한 제(齊)나라 출신 병법가로 이름은 손무(孫武)이다. 송나라 신종 3년(1080) 무학박사 하거비가 가려 뽑은『손자병법』,『오자』,『사마법』,『울료자』,『육도』,『삼략』,『이위공문대』를 '무경칠서(武經七書)' 라고 확정했고 그 중의 으뜸이 바로 『손자병법』이다. 이 외에 동양의 병법서로 손무의 증손자 손빈의 『손빈병법』 89편이 있고, 『36계』가 있다.

마흔에 읽는 손자병법	21세기 손자병법
(흐름출판, 2011)	(바움, 2013)

『손자병법』은 그동안 여러 형태로 우리에게 다가왔다. 강상구의 『마흔에 읽는 손자병법』이 최근에 베스트셀러로 인기를 끌었다. 황원갑의 『21세기 손자병법』은 가장 최근에 발간된 책으로 주로 우리나라의 병법 사례를 많이 든 것이 특징이다. 저자가 전문적으로 연구해온 우리나라 고대 상고사에 나타난 명장들—을지문덕, 연개소문, 김유신을 비롯해 강감찬, 이순신 등의 전술을 『손자병법』으로 풀어냈다.

우리에게 잘 알려진 '지피지기 백전백승(知彼知己 百戰百勝)'은 '모공'편 마지막 구절이 잘못 인용된 것이다. 원문은 이렇다. '그러므로 적을 알고 나를 알면 백 번 싸워도 위태롭지 않으며, 적을 모르고 나를 알면 승부가 반반이며, 적도 모르고 나도 모르면 싸울 때마다 위태로울 것이다(故曰 知彼知己 百戰不殆, 不知彼而知己 一勝一負 不知彼不知己 每戰必殆).' 모두 이긴다는 백승(百勝)도 아니고 무패(無敗)도 아닌 불태(不殆), 즉 위태롭지 않다는 것이다.

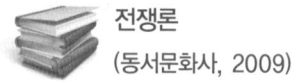
전쟁론
(동서문화사, 2009)

서양의 병법서로는 카를 폰 클라우제비츠(Carl von Clausewitz)의 『전쟁론』이 유명하다. 저자는 프로이센 태생의 장군으로 12년 동안 베를린의 군사학교 교장으로 근무하는 동안 자신의 전투 경험을 바탕으로 과거의 전쟁사와 전쟁이론을 섭렵해 이 책의 집필에 전념하였다. 서양의 병법서가 전쟁사와 실전을 근거로 한 전쟁 기술을 다룬 실무 교본 같은 성격이라면, 동양의 병법서는 실무 전술 교본이 아닌 전쟁에 대한 철학서 또는 수양 교본이라고 할 수 있다.

『손자병법』의 핵심 사상은 네 가지로 정리할 수 있다. 첫째, 싸우지 않고 이기는 것이 최선이다. 둘째, 싸우게 되면 반드시 이겨야 한다. 셋째, 싸우더라도 손해를 보지 말라. 넷째, 가능하면 상대방의 손해도 적으면 좋다.

'지형' 편 마지막 구절이 이 시대에 새롭게 와 닿는다. '적을 알고 나를 알면 승리를 이룰 뿐만 아니라 위태롭지 않으며, 하늘과 땅을 알면 그 승리가 완전한 것이 된다(知彼知己 勝乃不殆 知天知地 勝乃可全).' 이제는 오직 나와 상대만 알아서는 승리할 수 없다. 그보다는 시기와 환경이 더 중요하다는 점을 말하고 있다.

혹자는 현대의 비즈니스를 전쟁으로 비유했다. 한때 탤런트 오현경의 연기가 압권이었던 시트콤으로 '직장인의 손자병법'이 방영되어 세간의 인기를 끈 적이 있다. 이처럼 『손자병법』은 단지 전쟁에만 적용되는 것이 아니라 비즈니스와 개인 처세에 있어서도 많이 활용되고 있다. 그러기에 손자의 병법이 재조명되어 우리에게 절실하게 필요한 철학이 된 것이다.

인물 정보

황원갑

대한민국의 소설가이자 역사연구가이다. 춘천고등학교와 서라벌예술대학교를 졸업했다. 동아일보 신춘문예(시나리오)와 그 이듬해 신동아 논픽션 공모에 당선되어 등단했다. 월간스포츠, 한국일보, 서울경제신문 등에서 기자생활을 했으며, 서울경제 문화부장을 끝으로 언론계에서 물러나 전업 작가로 활동하고 있다.
장편소설 『머나먼 귀로』, 『팩션 삼국유사』, 중편소설 『별유천지』, 『비인간시대』, 『연옥을 넘어서』, 단편소설 『대막리지의 분노』, 『별 없는 밤길』, 『프라하광시곡』 등 많은 작품을 꾸준히 발표해왔다. 그밖에 저서로 『역사인물기행』, 『민족사의 고향을 찾아서』, 『인물로 읽는 한국 풍류사』, 『민족사를 바꾼 무인들』, 『부활하는 이순신』, 『한국사 제왕열전』, 『인물로 읽는 삼국유사』, 『전쟁으로 읽는 한국사』 등이 있다. 현재 한국소설가협회, 한국문인협회, 대한언론인회, 단군고조선학회, 고구려발해학회 회원이다.

Week 18

욕심(慾心)으로 경쟁하지 말고
발심(發心)으로 창조하라

우리는 디지털 시대에서 최첨단 기기로 생활하고 있지만, 우리의 정신세계는 아직도 유교사상의 지배를 받고 있다. 디지털 세상에서 공자 왈, 맹자 왈 하는 것이 시대에 조금 뒤떨어지는 듯한 감이 없지 않지만, 그래도 수천 년 동안 정신적으로 우리의 중심이 되어 온 사상의 영향력을 무시할 수는 없다. 현재 공산주의 국가인 중국에서도 유교사상을 존중하고 있다.

동양의 여러 나라에서 상상의 근간이 되는 중국 사상의 기본은 춘추전국시대 제자백가(諸子百家)에서 비롯되었다. 어지러운 시기에 수많은 이들이 백가쟁명(百家爭鳴)하며 자신의 논리가 옳다고 주장했고, 그중에는 한 시대를 풍미한 사상도 있었다.

하나의 독자적인 학파를 이루는 것을 '가(家)'라고 부르고, 그 주창

자를 '자(子)'라고 높여 부른다. 중국 사상의 황금기인 춘추전국시대에 공자를 중심으로 하는 유가(儒家)를 비롯해 노장사상의 도가(道家), 한비자·상앙의 법가(法家), 묵자의 묵가(墨家), 그 외에도 음양가(陰陽家), 명가(明家), 종횡가(縱橫家), 잡가(雜家), 농가(農家) 등 많은 학파들이 우후죽순처럼 생겨나 사상과 철학으로 지혜의 불을 지폈다. 이처럼 수많은 학파가 존재하고 사라졌지만, 우리에게 전혀 알려지지 않은 부가(富家)라는 학파가 있었다.

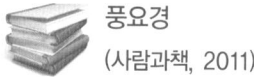
풍요경
(사람과책, 2011)

예로부터 중국과 우리나라에는 사농공상(士農工商)이라는 계층에 대한 기본 서열이 있었다. 가장 낮은 계층은 상업 종사자로, 당시에는 부의 축적에 관해 특히 부정적인 시각을 가지고 있었다. 그래서 돈을 벌고 관리하는 부가라는 학파가 있었는지 잘 알려져 있지도 않다. 속칭 부가의 대표적인 인물로는 양자(量子)와 부자(富子)가 있다. 경전으로는 『자력경(磁力經)』, 『부자경(富子經)』, 『풍요경(豊饒經)』이 있다고 전해진다. '의식은 만물의 근원이다'라고 말한 양자와 '모든 백성이 부유해지는 정치를 펼쳐라'라고 설파한 부자는 동문이면서도 사제 간이다.

임중기는 『풍요경』을 통해 우리에게 부가라는 독특한 가문을 소개하고 있다. 이 학파의 진위는 사뭇 의심스럽지만 그 시대에 이런 사상을 펼 수 있었다는 것이 새롭다. 어찌 보면 모든 진리라는 것은 시대를 초월해 적용되는 것이다. 군자나 선비를 중시 여겼던 고대보다는 물질만능시대, 그리고 경제 우선인 현대에 맞는 훌륭한 고전이다. 비록 작가가 현대적 감각으로 각색하기는 했지만 그 속에 흐르는 사상은 잘 알 수 있다. 예나 지금이나 우리에게 시사하는 바가 크다.

현대가 자본주의 사회라서 요즈음 서점에는 재테크에 관한 수많은 책이 서가를 점령하고 있다. 대부분의 책들은 단기간에 쉽게 돈을 버는 이야기나 방법을 소개하고 있다. '머니(money)' 라는 단어는 풍요를 상징하는 로마 여신 '모네타(moneta)'에서 유래했다고 한다. 풍요를 상징하는 것이 부이고, 그 부의 척도는 바로 돈이다. 그래서 '뭐니 뭐니 해도 머니(money)가 최고다' 라는 우스갯소리가 있다.

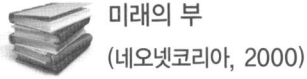
미래의 부
(네오넷코리아, 2000)

스텐 데이비스(Stan Davis) 와 크리스토퍼 메이어(Christopher Meyer)는 『미래의 부』에서, '실전 부를 축적한 핵심이 근로소득에서 불로소득으로 이동하고 있다. 즉 일하는 대가로 받은 돈(money that you work for)보다 나를 위해 일하는 돈(money that works for you)이 더 중요해진 것이다. 부자가 되기 위해서는 근로소득(working income)보다 투자소득(passive income)이 많아지도록 해야 한다' 고 말했다.

근로의 대가로 부를 축적하는 것이 아니라 머니 게임으로 부를 창출하고 있다고 지적했다. 갑자기 생긴 불로소득으로 사회안전망이 무너지고 현대사회는 황금만능주의가 판을 친다. 그래서 정경유착이 더 심한 것 같다.

『풍요경』에 이르는 핵심은 '욕심(慾心)은 아무 것도 하지 않고 무언가를 얻으려는 것이다. 발심(發心)은 무언가를 얻기 위해 실천하고자 하는 것이다. 욕심으로 경쟁하지 말고 발심으로 창조하라'이다. 투자를 통한 부의 축적이 아니라 정당한 노력의 대가로 부를 축적한다는 부가의 논리를 현대에 한 번 적용해보는 것도 바람직하다.

인물 정보

부자(富子)

부자는 양자의 제자이며 학문적 동료다. 그는 『부자경』을 통해 풍요로운 마음을 갖는 데 그칠 것이 아니라, 다양한 사업 기법과 돈의 운용 원리 등을 배우고 익힐 것을 강조하며 전략과 실천을 중요시했다. 그의 사상은 점차 폭이 확대되어 짧고 재미있는 예화 속에 풍요로운 삶을 위한 다양한 지혜를 담은 『풍요경』으로 마무리되었다.

Week 19

불교를 이해하는 데 도움을 주는 책들

우리는 지금 종교 다원주의 속에 살고 있다. '종교 다원주의(religions pluralism)'는 말 그대로 특정 종교의 절대성보다는 다양한 종교의 동시적 존립을 주장하는 사상이다. 현대는 다양성의 시대이므로 특정 종교 역시 절대적 진리나 가치를 주장할 수 없다는, 종교에서의 가치중립적 태도이다.

이러한 맥락과 유사하게 티베트 불교의 정신적 지주인 달라이라마는 이런 말을 했다. '신앙에는 신념과 존중, 두 가지가 있다. 신념은 자기 종교에만 가져야 하지만, 존중은 모든 종교에 대해 갖고 있어야 한다.' 각 종파를 총 망라한 신앙인들의 모임인 삼소회(三笑會) 회원들과의 만남에서 한 말이다.

한편 슈나이더는 각 종교의 핵심 단어에 대해 이슬람은 자비, 유대교는 정의, 도교는 조화, 그리스도교는 용서라고 정의했다. 하지만 자비는 불교에 더 적합하고, 이슬람은 평등이 더 적절한 것 같다.

종교들의 시시비비를 가리고자 하는 것은 아니다. 다만 종교란 우리의 삶에 있어 매우 중요한 것이기 때문에 한번은 다루어야 할 과제라고 생각한다. 어느 분이 기독교와 불교에 대해 이렇게 말했다.

'기독교와 여타 종교의 차이점은 기독교는 부름의 종교이나 여타의 종교는 찾음의 종교라는 점이다. 부름이란 신이 인간을 불렀다는 것으로 인간을 세상에서 건지시기 위함이고, 찾음이란 인간이 신을 찾는다는 것으로 인간이 세상으로부터 해방되기 위함이다. 주체가 신이냐 인간이냐의 차이가 있을 뿐 세상으로부터의 건짐이나 해방은 같다. 기독교는 건짐을 구원이라고 하고 불교는 해방을 해탈이라 부른다. 달리 말하면, 양자 간에는 필요에 의해서 찾은 해탈이냐 요구도 없이 선물로 받은 구원이냐의 차이가 있다. 전자는 구도자의 길이고, 후자는 소명자의 길이다. 해탈의 길은 구도자가 포기하면 이룰 수 없지만, 구원은 소명자가 포기하지 않는 한 반드시 이루어진다는 근본적인 차이가 있다. 필요와 부름이 만나는 신인합일이 최선의 길이리라.'

한편 지당하신 말씀이지만 그 깊은 뜻을 정확하게 이해하기가 그리 쉽지는 않다.

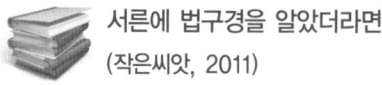
서른에 법구경을 알았더라면
(작은씨앗, 2011)

세계적으로 기독교인이 많지만 그래도 아직 우리나라를 비롯한 아시아에서는 많은 사람들이 불교를 믿는다. 불교는 경전을 통해 이치를 깨닫는 교종과 자기 참선을 통해 해탈을 얻는 선종으로 나뉜다. 하지만 우리에게 불교 하면 제일 먼저 와 닿는 것이 참선(禪)이다.

불교의 경전들, 『법구경』이나 『유마경』 또는 『반야심경』 등을 통해 구도하는, 승려가 아닌 일반인들은 불교를 설명하는 책을 통해 불교를 접하게 된다. 그중에서도 수많은 사람들이 번역을 해서 가장 친숙한 경전이 『법구경』일 것이다. 최근 김윤환의 『서른에 법구경을 알았더라면』이 현대 감각에 맞는 해설로 사랑을 받고 있다. 가장 마음에 와 닿는 법구경의 한 구절을 소개한다.

자기야말로 자신이 주인이다.
어떤 주인이 따로 있을까?
자기를 닦아 잘 다룰 때
얻기 힘든 주인을 얻을 것이다.
(自己心爲師 不隨他爲師 自己爲師者 獲眞智人法)'

 불교명언집 | 나는 불교를 이렇게 본다
(불교서적공사, 1972) | (통나무, 1989)

우리가 불교를 이해하는 데 쉽게 접할 수 있도록 도와주는 여러 책들이 있다. 1972년 불교서적공사에서 만든 『불교명언집』은 가로쓰기가 아닌 세로쓰기로 되어 있는 책이다. 열 개의 목차를 가지고 불교의 종교관, 인간관, 윤리관, 여성관, 우주관, 경제관, 국가관, 문화관, 역사관에 대해 설명했다. 김용옥 교수의 『나는 불교를 이렇게 본다』는 한국 불교의 문제점을 지적했는데, 종교적인 책이라기보다는 정치적 색채가 강한 비판서이다.

 할 | 선문선답 | 온 세상은 한 송이 꽃
(한마당, 1992) | (장승, 1994) | (현암사, 2001)

교리보다는 선에 대한 책들이 많이 나왔다. 생활선모임에서 만든 『할』은 이야기로 깨치는 선문답으로 111편의 선 이야기가 실려 있다. 조오현의 『선문선답』에서는 한 · 중 · 일의 선사 119인의 선 세계가 소개되었다. 숭산 스님의 공안집을 무심 스님이 편저한 『온 세상은 한 송이 꽃』은 하루에 한 편씩 읽는 365일 선에 관한 것이다.

사실 우리 스스로 우리 불교에 대해 너무도 모르고 있다. 믿고 안 믿고는 개인의 선택이지만 우리 역사와 함께해 온 우리 불교에 대해 공부했으면 한다.

'문화든 언어든 자기네가 최고라는 지나친 민족주의는 좋지 않다. 나도 예전에는 불교가 최고의 종교라고 말했으나 지금은 그러지 않는다. 특정 질환에 잘 듣는 약이 있듯 어떤 정신적 분위기에 가장 잘 맞는 종교가 있는 것이지 일반적으로 한 종교가 최고라고 할 수는 없다' 라고 이야기한 달라이라마의 종교관에 공감이 간다. 문제는 '어느 신을 믿느냐' 보다는 '어떻게 살아가느냐' 인 것 같다.

인물 정보

김윤환

경상남도 함안 출생. 한국방송통신대학교 일본학과를 졸업하고 부산외국어대학교 대학원 경영학 석사, 부산대학교 대학원 국제학 석사, 동아대학교 대학원 경영학 박사학위를 취득했다. 국제신문 부사장과 부산문화재단 이사 등을 역임했으며 현재 목요학술회 부회장, 부산상공회의소 상임위원 등을 맡고 있다. 저서로 『천천히 걷는 자의 행복』, 『종이거울 보기 40년』이 있고, 공저로 『조직 활동을 통한 자기계발』, 『나의 선생님』이 있다.

Week 20

동양인이라면 누구나 한 번쯤 읽어야 할 필독서, 사기(史記)

우리는 방대한 중국 역사를 주로 소설로 접하고 있다. 그 대표적인 것이 『삼국지(三國志)』와 『열국지(列國誌)』이다. 그러나 소설이 아닌 역사서로, 또 우리에게 중요한 자료로 다가오는 것이 바로 『사기(史記)』이다.

『사기』의 작가 사마천에 대한 이야기는 대부분 잘 알고 있다. 자신과는 무관한 일, '이릉(李陵)의 화(禍)'로 상소를 올렸다가 왕의 노여움을 사 감옥에 갇혔는데 보석금이 없어 궁형(宮刑, 거세당하는 벌)을 당했다. 목숨을 건지고 나서 말년에 쓴 것이 유명한 『사기』이다.

『사기』는 기존 역사서의 구조를 바꾼 획기적인 책이다. 통상 일어난 일을 시대적으로 기술하는 편년체(編年體)에서, 사건 중심의 기전체(紀傳體)로 전환한 것이다. 어떤 사건의 전후관계를 쭉 써내려가는 기사본

말체(記事末本體)나 연대순으로 일어난 사건 및 인물을 엮어가는 편년체로는 인간을 탐구할 수 없다. 그래서 먼저 사람을 구분한 뒤 그들의 활동을 분석하는 기전체라는 독특한 역사 서술 방식을 고안해냈다.

『사기』는 제왕의 정치와 행적을 연대순으로 기술한 '본기(本紀)' 12권, 제후들을 중심으로 전개되는 사건을 시대 순으로 서술한 '세가(世家)' 30권, 영웅호걸의 전기에 해당하는 '열전(列傳)' 70권, 천하의 문물제도의 기원과 발달 원리를 추구한 '서(書)' 8권, 여러 사건의 시공간적 연관성을 도표화한 연대기인 '표(表)' 10권으로 되어 있는 총 130권의 대작이다. 원문을 직접 읽는 것이 가장 바람직하지만 때에 따라서는 풍부한 설명과 배경지식을 더한 해설서를 읽는 것이 더 이해가 빠를 수 있다.

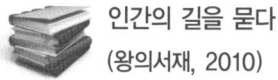

인간의 길을 묻다
(왕의서재, 2010)

『인간의 길을 묻다』는 국내 최고의 사마천 연구가인 김영수가 직접 현장을 답사하면서 『사기』를 해설한 책이다. 사마천의 『사기』와 관련해 중국에서 가장 먼저 설립한 섬서성 한성시 사마천학회의 정식회원으로 활동하고 있는 우리나라 대표적인 『사기』 전문가이다. 학국학중앙연구원에서 석·박사를 마치고 15여 년 동안 중국 전역을 돌아다니면서 현장을 일일이 확인해 책을 저술했으며, 수많은 강의를 하고 있다. 저서로『역사의 등불 사마천, 피로 쓴 사기』,『사기 리더십』,『사기 경영학』,『난세에 답하다』,『사마천, 인간의 길을 묻다』,『현들의 평생 공부법』이 있다.

『인간의 길을 묻다』는 역사책으로는 국내 최초로 QR(quick Response) 코드 태그를 이용해 자신이 찍은 동영상을 제공한 책이다. 송이의 평면으로는 설명할 수 없는 입체적인 자료들과 현장의 모습을 동영상으로 담아『사기』를 이해하는 데 매우 유용하게끔 했다. 예전에는 도저히 상상할 수 없는 일이다. 스마트폰의 등장과 IT 기술의 접목으로 가능한 일이다.

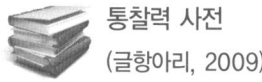
통찰력 사전
(글항아리, 2009)

김원중의『통찰력 사전』은『사기』를 다른 시각으로 해설해가고 있다. 한학을 공부하고 성균관대학교 중문과에서 중국고전으로 박사학위를 받은 저자는 고전들을 인문학적으로 재해석하여, 고전 속의 인물을 현대적인 시각으로 재조명하였다. 제1장 '투시(透視)'에서 36장 '세태(世態)'까지 사마천의 생각을 분류해 정리한 것이다. 하루에 한 문장씩 읽을 수 있도록 300개로 나누어 설명하고 있다.

사마천이라는 한 인간이 남긴 일생일대의 역작이 중국역사는 물론 전 세계의 역사에 큰 획을 그었다.『사기』는 또한 숨겨진 여러 이야기들을 통해 독자에게 큰 감명과 교훈을 주는 책으로, 비단 중국인뿐 아니라 동양인이라면 누구나 한 번쯤은 읽어보아야 할 필독서이다.

역사서를 읽다 보면 '인간은 무엇이고 진리란 무엇인가, 그리고 진정한 삶의 가치는 무엇인가' 하는 삶의 본질에 대한 생각을 다시금 하게 된다. 우리도 거창한 국가의 역사가 아닌 우리만의 역사를 한번 써 보자.

인물 정보

사마천(司馬遷)

자는 자장(子長). 한나라 전성기인 한무제 때 활동한 역사학자이자 문학자로, 기원전 145년경 태어났다. 황제의 측근에서 각종 기록을 담당하던 아버지 사마담(司馬談)의 영향으로 어렸을 때부터 학문에 정진했다. 사관직인 태사령에 오른 그는 B.C. 99년 이릉(李陵)의 투항 사건을 맞아 홀로 이릉 장군을 변호하다가 사형을 선고 받았다. 이때 그의 나이 47살이었다. 당시 사형에서 벗어나는 방법은 돈 50만 냥으로 감형 받는 것과 궁형을 받아 환관이 되는 것이었다. 『사기』는 왕도정치의 이상을 담은 공자의 『춘추』를 계승한 책이다.

Week 21

역사서는 딱딱하다.
하지만 열국지(列國誌)는 재미있다

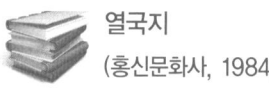
열국지
(홍신문화사, 1984)

각인(刻印)이라는 말이 있다. 새가 부화하고 나서 처음 보는 것을 어미로 생각하는 것을 이르는 말이다. 바로 이 책이 나의 독서 취향을 각인시킨 책이다.

『열국지(列國誌)』를 계기로 나는 동양 고전에 관심이 많아졌다. 지금도 독서 취향이 동양철학에 약간 치우쳐 있는 편이다. 내가 번 돈으로 자의에 의해 산 첫 번째 책은 지금은 절판되어 동주 김구용의 『구용 열국지 전 5권』(솔, 2001)으로 재출간되었다. 김구용은 한학자로 성균관대학교 교수를 역임하셨다. 현재 내가 소장하고 있는 책은 송지영의 『열국지』이다.

1권은 '대륙에 이는 바람', 2권은 '중원의 영웅들', 3권은 '경국지색의 여인들', 4권은 '흥망성쇠의 조감도', 5권은 '천하는 하나로'로 엮였다. 『열국지』는 역사소설이지만 수많은 고사성어를 만들어냈으며 그 어원이 된 배경도 잘 설명되어 있다. 한마디로 해서 『열국지』는 한문학의 보고인 것이다.

소설로 중국 역사를 알린 책은 『삼국지』와 『열국지』이다. 중국의 위진남북조시대(220~581) 중 가장 두드러진 삼국시대(220~265)의 50년은 『삼국지』로 잘 알려져 있다. 그리고 기원전 112년 주 황실에서부터 춘추전국시대까지의 약 550년 역사는 『열국지』로 소개되고 있다. 주 황실에서부터 진, 초, 연, 제, 한, 조, 위, 노, 송 등을 비롯해 견융, 북적 등 20여 개 크고 작은 나라의 흥망성쇠가 기록되어 있다. 소설의 형식을 따랐으나 『춘추좌씨전』(춘추를 해설한 책) 등 역사서를 기반으로 해서 쓴 문학작품이다. 저자는 명나라의 여소여(余邵魚)로 알려져 있으나, 설에는 풍몽룡(馮夢龍)이라고도 한다. 송지영의 번역은 풍몽룡 판을 원본으로 삼았다.

역사서는 딱딱하다. 하지만 『열국지』는 재미를 더하는 요소가 있다. 거대한 역사 속에 현군과 충신이 있는가 하면 간신과 환관들도 나온다. 그리고 형을 위해 자신의 목숨을 초개와 같이 버리는 동생도 나온다. 오와 월나라의 와신상담(臥薪嘗膽), 관중과 포숙아의 우정인 관포지교(管鮑之交) 등 우리가 잘 알고 있는 고사성어가 많다. 제왕과 영웅들만 등장하는 것은 아니다. 여인들도 많이 나오는데 특히 달기(妲己), 포사(褒姒)와 같은 경국지색들이 등장한다.

역사는 반복된다고 했다. 그저 흘러간 이야기로만 치부해서는 안 된다. 옛 것을 보고 새로운 미래를 건설해나가는 지혜가 필요하다. 온고이지신(溫故而知新).

인물 정보

풍몽룡

자는 유룡(猶龍)·자유(子猶). 호는 묵감재(墨憨齋)이다. 쑤저우(蘇州) 출생으로 말년에 푸젠성(福建省) 소우닝현(壽寧縣)의 지사(知事)를 지냈다. 다재다능하여 여러 가지 저술·편찬·교정 등을 했는데, 특히 통속문학 분야의 업적이 많다. 그 중에서도 '삼언(三言)' 곧 『유세명언(喻世明言)』, 『경세통언(警世通言)』, 『성세항언(醒世恒言)』의 편집과 교정은 가장 유명하다. 희곡·설화·민요 등의 편집이나 창작도 있고, 또 『평요전(平妖傳)』이나 『열국지(列國志)』의 개작(改作) 등 이 분야에 남긴 업적이 크다.

Week 22

삼국지(三國志), 역사적 사실과 소설의 허구

　어제 〈조조-황제의 반란〉이라는 영화를 보았다. 원제목은 '동작대(銅雀臺)'로 조조가 사는 집을 말한다. 그 집을 무대로 황제 세력과 조조 세력의 암투를 그린 영화이다.

　당대의 유명한 인물 평론가인 허소는 조조를 '난세의 영웅, 치세의 간적'이라 평했다. 조조의 이미지는 주로 일본 번역판에 의존하여 턱이 뾰족하고 염소수염이 난 간신의 표상으로 그려진다. 그러나 그동안 여러 영화나 드라마에 나온 조조는 항상 잘생긴 미남 호걸이었다. 〈조조-황제의 반란〉에서는 주윤발이 조조 역을 맡았다.

　명대의 대표적 장편소설로 손꼽는 『삼국지연의』는 『수호전』, 『서유기』, 『금병매』와 더불어 '4대 기서(奇書)'로 일컬어진다. 최초의 판타지 소설 『서유기』, 최초의 에로소설 『금병매』, 양산박의 영웅호걸 이야기인 『수호지』, 그리고 춘추전국시대의 마지막 영웅들의 각축장을 그린 『삼국지연의』. 『삼국지연의』는 중국문학 상 최초의 장편소설이자, 최초의 장회(章回, 120장)소설이며, 최초의 통사연의 소설이다.

송나라 때에는 삼국지 이야기를 전문적으로 들려주는 설화인(說話人)이 등장했고, 원나라에 이르러서는 설화인의 각본을 엮어 만든 화본(話本), 즉 〈삼국지평화(三國志平話)〉가 세상에 나왔다. 그리고 명대 초엽에 나관중의 『삼국지연의(三國志演義)』가 탄생했다. 나관중은 중국 서진(西晉)의 역사가 진수(陳壽)의 『삼국지』(285)와 『배송지(裵松之)』의 주석본(430년경)을 바탕으로 삼아, 민간예술을 접목해 불후의 명작을 완성했다.

동아시아 사람이라면 누구나 평생에 한 번쯤은 만화, 소설, 혹은 드라마로 각색된 『삼국지』의 세계를 접할 것이다. 우리도 세대를 초월해 어떤 형태로든 한 번쯤은 접했던 책이다. 소설로는 박종화와 이문열 작가 번역한 것이 대표적이다. 초등학생 때에는 만화로 보았던 『삼국지』를 나는 학창시절에 박종화가 번역한 책으로 읽었다. 무엇보다도 가장 감명 깊은 것은 10여 년 전 비디오로 출시된 것이다. 현재 케이블 텔레비전에서 방영 중이다. 책도 좋지만 비디오나 CD로 보는 것을 권하고 싶다. 글로써 표현되기 어려운 것을 영상 아니면 느낄 수 없는 장면들이 많다.

조자룡이 유비의 아들을 등에 메고 적진을 뚫고 나오는 장면, 제갈

량의 오장원(五丈原) 장례식 장면은 압권이었다. 중국의 연회는 개인 상으로 준비한다든가, 술이 식기 전에 적장과 싸워 목을 베고 술을 마시는 장면에 나오는 술잔의 모양, 촉나라로 들어가는 촉의 잔도(棧道) 등 시각적으로 많은 것을 알게 해준다.

영화, 드라마 만화. 이 책처럼 원소스멀티유즈(one source multi use)가 활발히 이루어진 책도 드물다. 적벽대전, 관우, 조자룡에 대한 부분이 최근에 모두 영화화되었고, 가장 최근에 조조에 관한 영화가 나온 것이다.

삼국지의 진실과 허구
(시그마북스, 2012)

때마침 『삼국지』와 관련된 책도 한 권 읽었다. 구청푸, 성쉰창이 쓴 『삼국지의 진실과 허구』에서 많은 새로운 사실을 알게 되었다. 역사적 사실과 드라마는 다르다. 드라마의 경우 작가의 상상력이 허구에 너무 집착하고 있는 편이다. 우리의 대하드라마에서도 최근 종영된 〈무신〉에서 김준의 출세에 최우의 딸과 여자를 등장시켜 사실을 왜곡하고, 〈대왕의 꿈〉에서는 삼국유사에 나오는 비형랑이라는 인물을 등장시켜 역사를 비틀고 있다는 생각이 든다.

이 책에서는 여러 역사적 사실과 소설의 허구성을 설명하고 있는데, 그 유명한 제갈량의 초선차전(草船借箭)은 적벽대전(赤壁大戰)에서가 아니라 그로부터 5년 후(213) 손권의 병선에 일어난 일이라고 지적한다. 나관중은 『삼국지연의』에서 등장인물의 캐릭터와 줄거리에 주력하며 작품의 주제를 이끌어가는 데만 신경을 썼을 뿐 지리적 명확성을 따지는 데 소홀했다. 관우가 조조에게 붙잡혀 있다가 유비 휘하로 돌아갈 때 다섯 관문을 뚫고 지나가는 관문은 동령관, 낙양, 범수관, 형양, 활주의 황하강 나루터이다. 북쪽 끄트머리 관문 다음에 난데없이 남쪽 끝의 관문이 출현하는 오류를 범하기도 했다. 또 책에 기록된 총 인물은 1천178명인데, 이중에 허구로 등장시킨 인물이 149명으로 대표적인 사람은 여포의 첩 초선과 고승 보정이라고 했다. 소설의 극적인 요소를 가미하기 위해 초선이라는 기생을 등장시켰다는 것이다.

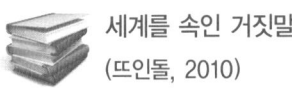

세계를 속인 거짓말
(뜨인돌, 2010)

이외에도 이종호의 『세계를 속인 거짓말』이라는 책에서도 실제로 적벽대전은 없었다고 주장한다. 적벽대전은 적벽이 아닌 적벽 근처의 오림(烏林)에서 일어난 전쟁으로 '오림대전(烏林大戰)'이라고 불러야 옳다고 주장했다.

역사는 역사이고 소설은 어디까지나 소설이다. 소설은 이야기의 극적 효과를 위해 허구를 첨삭한다. 어쨌든 『삼국지』는 중국인 정서에 가장 깊숙이 자리 잡고 있는 소설임에는 틀림없다. 대부분의 사람들은 역사는 몰라도 소설은 안다.

'어려서는 『수호지』를 읽지 말고, 늙어서는 『삼국지』를 읽지 마라'라는 말이 있다. 어려서 『수호지』를 읽으면 모반이 정당화되고 영웅이 되기 때문이고, 늙어서 『삼국지』를 읽으면 세상사를 모두 권모술수로 해결하려고 하기 때문이란다. 20대에 읽은 『삼국지』를 다시 한 번 더 읽고 싶다. 이번에는 이문열의 『삼국지』로.

인물 정보

구청푸(顧承甫)

푸단(復旦)대학교에서 역사지리학을 전공하고 동 대학원에서 석사 과정을 수료했다. 상하이 사회과학원 역사연구소에서 근무한 후 상하이 문예출판총사 주임을 역임한 후 현재 상하이 문예출판사 편집 심사위원이다. 저서로는 『화설중국』, 『군영회췌』, 『태산』 등이 있다.

성쉰창(盛選昌)

상하이 사회과학원 연구원이자 상하이 시작가협회 회원이다. 인민대학교 역사학과를 졸업했다. 저서로는 『삼국연의 보증본』, 『설 삼국』, '품삼국'에 대한 논의』, 『마오쩌둥과 삼국연의』 등이 있다.

Week 23

하루 한 편 한시를 음미하는 즐거움

독서를 하다 보면 나름대로 독서 취향이 생긴다. 문학에서 철학으로 그리고 다시 처세술로 필요에 따라 장르가 바뀐다. 또 즐겨 찾는 작가도 생기게 된다. 어떤 책 하나를 읽고 감명을 받으면 그 작가가 쓴 책을 계속해서 읽게 된다. 작가의 사상과 문체를 좋아해서 관련된 모든 책을 섭렵하곤 한다. 1990년대에 도올 김용옥의 책에 빠졌다면, 2000년대에는 정민 교수의 책에 흠뻑 빠져들고 있다.

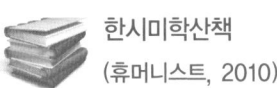

한시미학산책
(휴머니스트, 2010)

내게 가장 취약한 부문이 바로 시(詩)이다. 학교에서 배운 시, 대학 입시를 위해 교과서에서 읽은 시가 전부다. 세간에 유행하는 시집도 거의 읽지 않았다. 국회의원이 되고, 교과서에 시가 실리기도 한 도종환의 유명한 시집『접씨꽃 당신』도 안 읽었다. 영미(英美) 시 역시 마찬가지다. 바이런, 워즈워드, 푸시킨, 롱펠로우 등도 거의 읽지 않았다. 나의 독서 취향은 시보다는 소설 쪽에 더 가깝기 때문이다. 하지만 한시(漢詩)에는 유독 관심이 많았다. 사서삼경 중 하나인『시경(詩經)』, 그리고『당시선(唐詩選)』등의 한시는 접했다. 그러나 한시에 대한 지식이 턱없이 부족했다. 막연히 좋아했던 한시에 대한 이론과 한시의 묘미를 알게 해 준 책이 바로 정민의『한시미학산책』이다. 1996년 발간된 초판을 개정 · 보완한 것으로 스물네 개의 주제로 진행된다.

저자 정민은 한양대학교 교수로 한시에 대한 조예가 깊으며, 18세기 영정조의 지식인-선비에 대한 연구가 깊다. 그의 책 중 내가 처음 접한 책은 선비들의 내면을 그린『미쳐야 미친다』(푸른역사, 2004)이다. 그는 특히 다산에 관한 많은 저술을 남겼다.『다산선생 지식경영법』(김영사, 2006),『다산 어록 청상』(푸르메, 2007) 그리고 최근작인『다산의 재발견』(휴머니스트, 2011),『아버지의 편지』(김영사, 2008) 등이 있다. 최근 출간된『일침』(김영사, 2012)에서는 고사성어를,『불국토를 꿈꾼 그들』(문학의 문학, 2012)에서는 삼국유사의 비밀 코드를 풀어헤쳤다.

한시는 크게 두 부류로 나뉜다. 당나라의 당시와 송나라의 송시이다. 시에서 서정의 함축을 중시하고 의흥(意興)이 뛰어난 시를 '당음(唐音)'이라 하고, 생각에 잠기고 이치를 따지며 유현(幽玄)한 맛을 풍기는 시를 '송조(宋調)'라 일컬어왔다. 당시가 대상 그 자체에 몰입함으로서 자연스레 시인의 정의(情意)를 드러내는 방식을 취하는 데 반해, 송시는 시인이 자신의 정의를 대상을 통해 드러내는 방식을 취한다.

홍만종의 『시화총림증정』(『시화총림』[조선 후기 홍만종이 시화를 모아 엮은 책]의 부록. 저자 자신이 잘못 평한 부분이나 시구가 잘못 적힌 것을 바로잡아 엮은 것)'은 두 시의 특징을 이렇게 설파했다. '당시(唐詩)를 존중하는 사람은 송시(宋詩)를 배척하여 비루하여 배울 바가 못 된다고 한다. 송시를 배우는 사람은 당시를 배척하여 나약해서 배울 것이 없다고들 말한다. 그러나 이러한 말은 모두 편벽된 언론이다. 당이 쇠퇴하였을 때 어찌 속된 작품이 없었겠으며, 송이 성할 때 어찌 고아한 작품이 없었겠는가. 우리가 어떻게 받아들이느냐가 중요할 뿐이다.'

이런 어려운 해설보다는 시는 쓰인 그대로 느끼면 된다. 한시의 매력은 함축미다. 그리고 그 뜻을 여러 측면으로 해석 가능하다. 조선시대 향시에서 나온 「호지무화초」라는 시를 보면 절로 감탄이 나오지 않을 수 없다.

오랑캐 땅 화초가 없다고 하나 胡地無花草

오랑캐 땅인들 화초가 없을까? 胡地無花草

어찌 땅에 화초가 없으랴마는 胡地無花草

오랑캐 땅이라 화초가 없네 胡地無花草

이처럼 같은 글자인데 읽는 감정에 따라 그 내용은 천양지차가 나는 것이 한시의 묘미다. 차 주전자 둘레에 원을 그리며 쓰여 있는 「다호시(茶壺詩)」는 한 자씩 차례로 읽으면 시가 된다.

마음을 맑게 할 수가 있고 可以淸心也

맑은 마음으로 마셔도 좋다 以淸心也可

맑은 마음으로도 괜찮으니 淸心也可以

마음도 맑아질 수가 있고 心也可以淸

또한 마음을 맑게 해준다 也可以淸心

한 수 더 소개하고 싶은 한시는 우리나라의 김삿갓으로 유명한 김병연의 해학시다.

서당이야 진작에 알고 있지만 書堂乃早知

방에는 모두 존귀한 물건뿐일세 房中皆尊物

생도는 모두 다 열 살도 못 돼 生徒諸未十

선생 와도 인사할 줄 모르네 先生來不謁.

시 내용 자체도 좋지만 한번 소리 내어 읽어보면 절로 웃음이 나온다. 우리만의 독특한 한시의 묘미이다.

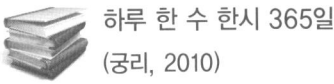
하루 한 수 한시 365일
(궁리, 2010)

시를 한꺼번에 다독할 수는 없다. 시는 읽는 것이 아니라 음미하는 것이기 때문이다. 하루에 한 편이라도 좋다. 잠시 시간을 내어 좋은 시를 읽고 명상에 잠겨보는 것이 어떨는지? 이병한이 엮은 『하루 한 수 한시 365일』도 권힐 민하다. 중국은 물론 우리나라 시인들의 시를 포함해 근대 한시까지 골고루 담았다. 매 한 편의 시를 원문과 함께 소개하면서 간략한 해설을 달아 한시의 맛을 느끼게 한다.

인물 정보

정민

한양대학교 국문과를 졸업하고 모교 국문과 교수로 재직 중이다. 박지원의 산문을 꼼꼼히 읽고 쓴 『비슷한 것은 가짜다』, 18세기 지식인에 관한 『18세기 조선 지식인의 발견』, 다산 정약용에 관한 『다산선생 지식 경영법』, 『다산의 재발견』, 『옛사람 맑은 생각 다산어록청상』 등이 있다. 이외에도 『미쳐야 미친다』, 『삶을 바꾼 만남』, 『한서 이불과 논어 병풍』, 『죽비 소리』 등 많은 작품들이 있다. 옛 선인들의 내면을 그린 『책 읽는 소리』, 『스승의 옥편』, 『한시 속에 새, 그림 속의 새』와 『새로 쓰는 조선의 차 문화』 등이 있다. 한시에 관한 『한시미학 산책』, 『정민 선생님이 들려주는 한시 이야기』, 『꽃들의 웃음판』을 펴냈다.

Week 24

사자성어,
당신의 의도를 한마디로 끝내라

    서양의 격언이나 잠언과는 달리 동양에는 네 자로 압축한 사자성어(四字成語)라는 독특한 글이 있다. 서양의 문자는 표음문자여서 단어가 깊은 뜻을 담아내기 어렵기 때문에 직설적인 화법의 격언이 많다. 반면 동양의 문자, 특히 한문은 표의문자이기 때문에 다른 뜻을 은유하는 의미를 많이 담아내고 있다. 그래서 단지 글자만을 해석해서는 문자가 가진 깊은 뜻을 이해하기가 쉽지 않고 때로는 정반대로 해석하는 오류도 범하곤 한다. 단지 무작정 글자만 암기만 해서는 안 되고, 그 문장이 나오게 된 전후 사정, 즉 스토리(배경)를 알아야 쉽게 이해되고 기억에도 오래 남는다. 자기의 것으로 소화를 해야 자연스럽게 인용하여 적절하게 사용할 수 있다.

    우리에게 주변에서 쉽게 접근하는 사자성어는 '하늘 천, 따지, 검을

현, 누를 황'이라고 암기했던 천지현황(天地玄黃)으로 시작되는 천자문이다. 한자 1,000개가 사언고시(四言古詩)로 쓰여 있다. 그 다음으로, 한문 교과서나 고사성어 부록에 가나다 순으로 열거된 사자성어는 많이 접했을 것이다. 한문 과목 시험문제로 많이 암기해왔다. 유명 정치인이 복잡하고 미묘한 자기 의견을 사자성어를 사용해 간결하게 밝히기도 히고, 최근에는 매년 그 해를 결산하는 사자싱어를 교수들이 발표하기도 한다. 이처럼 사자성어는 우리 생활 깊숙이 자리 잡고 있다. 노골적이지 않게 심중을 표현하는 절묘함, 한 순간 좌중을 장악하는 카리스마, 복잡한 설명을 한 번에 압축하는 명쾌함, 상대의 뇌리에 꽂혀 잊히지 않는 강렬함, 말하는 이의 권위를 빛내주는 품격. 이 모든 것을 갖춘 것이 바로 사자성어다.

사자소통 네 글자로 끝내라
(쌤앤파커스, 2011)

이남훈의 『사자소통 네 글자로 끝내라』는 소통이라는 주제로, '당신의 의도를 한마디로 끝내라' 라는 명제 하에 수많은 사자성어들 중 현대 감각에 맞는 140개의 사자성어를 풀이했다. 과연 당신이 말하고자 하는 것이 '촌철살인(寸鐵殺人)'인가, '중언부언(重言復言)'인가? 다시 말해 간결하게 표현할 수 있느냐, 아니면 똑같은 의미를 빙빙 돌면서 반복해 말할 것이냐? 이러한 질문에 대해 고전 속 유명한 명언들을 추려 현대 경영에 접목시켜 명쾌하게 해설해 놓았다. 사자성어의 글자 해석은 물론 관련 일화도 소개하고 있는데 특히 현대 경영 사례를 많이 들어 현대인에게 쉽게 다가갈 수 있다. 한마디로 고전의 현대적 해석이라고 보면 될 것이다.

일침
(김영사, 2012)

가장 최근에 나온 책으로 정민의 『일침』이 있다. '달아난 마음을 되돌리는 고전의 바늘 끝'이라는 부제로, 저자의 해박한 고전 해석 능력 및 일화 제시를 통해 사자성어를 풀이했다. 1부는 '마음의 표정', 2부는 '공부의 칼끝', 3부는 '진창의 탄식', 4부는 '통치의 묘방'으로 나누어 소개하고 있다.

저자는 차고술금(借古述今), '옛 것을 빌어 지금에 대해 말한다'라는 취지로 책을 엮었다고 한다. 그는 국내 다산 연구의 일인자이고, 우리 고전에 대한 해석이 남다르게 뛰어나다. 다산 전문가답게 책에는 다산의 일화가 많이 수록되어 있다. 또 내용과 관련된 우리 서간과 회화(繪畵)를 간간히 곁들임으로써 글자 해석 위주의 책이 지니는 딱딱함을 줄이고 잠시 우리의 눈과 생각을 새롭게 만들어주고 있다.

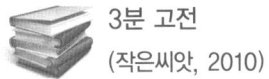
3분 고전
(작은씨앗, 2010)

 그 밖에 사자성어나 우리의 고전을 다룬 책들은 시중에 많이 나와 있다. 박제희의 『3분 고전』도 인생을 바꾸는 모멘텀으로서 고전의 간략한 지혜들을 소개하고 있다.

 옛것은 모두 고루하고 쓸데없는 것처럼 여겨지는 디지털 시대에서 잠시 옛말들을 되새겨 볼 가치가 있다. 자고로 역사는 반복되는 것이다. 과거는 그저 흘러가는 것이 아니라 그 속에 아주 중요한 경험과 교훈들을 남겨주었다. 이 대목에서 떠오르는 하나의 사자성어는 온고지신(溫故知新), '옛 것을 배워 새것을 안다'는 말이 새롭게 느껴진다. 과거의 경험을 바탕으로 새로운 미래를 만들어나가는 것이 현대인들의 사명이라고 본다.

인물 정보

이남훈

저널리스트 출신의 경제·경영, 자기계발 전문 작가. 한국외국어대학교 인문대학 철학과를 졸업한 후 국내 주요 언론사에서 비즈니스 전문 객원기자로 활동했다. 현재 무료 일간지 《포커스》에 〈한비자에게 배우는 지략〉과 《동아일보》에 〈이남훈의 고전에서 배우는 투자〉를 연재하고 있다.

그간 베스트셀러 『사자소통 네 글자로 끝내라』, 『공피고아』(공저) 등을 통해 고전들에 대한 깊이 있는 분석을 바탕으로 조직 생활과 인간관계에 대한 통찰을 제시해왔다. 많은 사랑을 받은 SBS 텔레비전드라마 〈샐러리맨 초한지〉의 자기계발서 버전인 『샐러리맨 초한지』를 집필하기도 했다. 그 밖의 대표작으로는 의사소통의 실전 기술을 명쾌하게 담은 『소통의 비책』, 1,000억대 벤처기업인들의 기회 포착 방식과 마인드를 집대성한 『찬스』 등이 있다.

Week 25

하루키와 베르베르,
진짜 세계와 가상의 세계

1Q84
(문학동네, 2011)

    요즈음 우리 세대는 두 개의 다른 세계를 동시에 살고 있다. 현실인 진짜(real) 세계와 가상의 사이버(cyber) 세계. 무라카미 하루키의 『1Q84』가 떠오른다. 이 소설은 번역 당시 큰 화제를 불러일으켰다. 독특한 작품성도 그렇지만 출판사 문학동네가 번역료 선인세로 1억 원을 지급한 과감한 베팅으로 대박을 터뜨린 케이스로도 유명하다.

    소설은 1984년과, '1984'와 일본어로 동음어인 '1Q84(이찌큐하찌욘)'라는 두 개의 세계를 왔다 갔다 하면서 동일한 연도의 두 가지 다른 세계를 그린 내용이다. 사이비 종교의 교주, 출판업계의 비리 등 사회 문제를 다루는데, 여성 킬러라는 다소 이색적인 캐릭터를 등장시켜 재미를 더하고 있다. 총 세 권으로 읽기에 적지 않은 분량인데도 선풍적인 인기를 끌어 백만 부 이상 팔렸다.

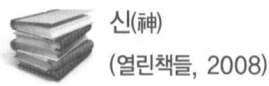
신(神)
(열린책들, 2008)

관점은 다소 다르지만 베르베르의 『신(神)』 전 6권 역시 새로운 세계관을 그린 소설이다. 작가 베르나르 베르베르는 한국과 특히 인연이 많다. 1994년 첫 방한 때 그는 한국사회에서 성공에 대한 열망을 봤다고 말했다. 최근에는 모 증권사의 광고 모델로도 출연했다. 『개미』(열린책들, 2001)는 1991년 프랑스에서 출간되었고, 1993년에 한국에 소개되었는데, 프랑스에서는 30만 부가 팔리고 한국에서는 70만 부가 팔렸다. 이 외에도 『상대적이며 절대적인 지식의 백과사전』, 『타나토노트』, 『천사들의 제국』, 『뇌』 등을 발표했다. 최근에 신작소설 『세 번째 인류』를 프랑스에서 출간했으며, 이는 전작인 『개미』와 『신』의 중간쯤에 위치하는 작품이다.

연작소설 『신(神)』은 신이 되기를 원하는 프랑스인들(그 중에는 일부 미국인도 있지만)이 자기 방식대로 세계를 다시 만들어가면서 신의 존재를 느끼는 이야기이다. 조물주가 되어 각자의 시나리오대로 세상을 창조해가면서 신이 되는 수업을 한다. 그리스 신화에 나오는 신들이 강사가 되어 그들에게 세계를 창조하는 법을 가르친다. 실패한 후보자의 세계는 사라져버리고 오직 살아남은 세계의 세상만이 남게 된다. 일약하자면 이 이야기들은 신들이 자신의 방식대로 우리의 세계를 조작하고 있다는 가정을 깔고 있다. 우리가 우리의 의지대로 세상을 선택한 것이 아니라 신들의 조작에 의해 삶을 살아간다는 것이다.

우리는 항상 '하지 않았던 것'에 대해 궁금증을 가지고 있다. 잘못한 것과 하지 않았던 것에 대해 후회를 한다. 특히 하지 않았던 일에 대한 후회는 평생 간다고 한다. '만약 내가 그때 이렇게 했으면 어떻게 되었을까?' 하는 가정을 하고 무척 궁금해하며 상상의 나래를 펼친다. 사이버 세계 또는 영화 속에서라면 당시로 돌아가 선택을 바꿔보는 게 가능하지만, 현실 세계에서는 불가능한 일이다. 그래서 로버트 프루스트의 시 「가지 않는 길」을 새롭게 음미해 본다.

노란 숲 속에 두 갈래 길이 있었습니다
나는 한 사람 나그네일 뿐인지라
안타깝지만 두 길을 갈 수 없어
오랫동안 서서
덤불에 꺾여 내려간 데까지
한쪽 길을 가능한 한 멀리까지
바라다보았습니다
그리고 똑같이 아름다운 다른 길을 택했습니다
그럴 만한 이유가 있었습니다
그 길은 풀이 더 우거지고

사람이 걸어간 자취가 적었습니다

하지만 그 길을 걸음으로 해서

그 길도 거의 같아질 것입니다

그날 아침 두 길에는

낙엽을 밟은 자취가 적어

아무에게도 더럽혀지지 않은 채

묻혀 있었습니다

아, 나는 뒷날을 기약하며

한 길을 남겨 두었습니다

길은 다른 길로 이어져 끝이 없으므로

내가 다시 여기 돌아올 것을 의심하면서

훗날에 훗날에 나는 어디에선가

한숨을 쉬며 이야기를 할 것입니다

숲 속에 두 갈래 길이 갈라져 있었고

나는 사람이 적게 간 길을 택하였다고

그로 인해 모든 것이 달라졌노라고.

인물 정보

무라카미 하루키

1949년 일본 교토시에서 태어나 1968년 와세다대학교 문학부 연극과에 입학해 격렬한 60년대 전공투 세대로서 학원분쟁을 체험한다. 1979년 『바람의 노래를 들어라』로 문단에 나왔으며 이 작품으로 군조(群像)신인문학상을 수상했다.

세계 10여 개국에 작품이 번역, 소개되는 베스트셀러 작가가 됐으며 장·단편 소설, 번역물, 에세이, 평론, 어행기 등의 다양한 집필 활동을 쉼 없이 이어가고 있다. 장편소설 『양을 둘러싼 모험』으로 노마문예신인상을 수상했다. 1987년 『노르웨이의 숲』을 발표함으로써 일본 문학사에 굵은 한 획을 긋게 된다. 2005년 뉴욕타임스는 아시아 작가의 작품으로는 드물게 『해변의 카프카』를 '올해의 책'에 선정했다. 또 2006년에는 엘프리데 옐리네크와 해럴드 핀터 등의 노벨문학상 수상자를 배출한 바 있는 체코의 '프란츠카프카상'을, 2009년에는 이스라엘 최고의 문학상인 '예루살렘상'을 수상하며 문학적 성취를 다시 한 번 인정받았다.

작품집으로는 『세계의 끝과 하드보일드 원더랜드』, 『빵가게 재습격』, 『댄스 댄스 댄스』, 『태엽감는 새』, 『스푸트니크의 연인』, 『신의 아이들은 모두 춤춘다』, 『도쿄기담집』, 『달리기를 말할 때 내가 하고 싶은 이야기』, 『1Q84』 등 다수의 장단편 소설과 에세이집, 번역서가 있다. 2005년, 그의 단편 『토니 타키타니』가 이치가와 준(市川準) 감독에 의해 영화화되었고 2010년에는 『상실의 시대』(원제, 노르웨이의 숲)가 베트남 영화감독 트란 안 훙(Tran Anh Hung)에 의해 영화화되기도 했다.

Week 26

지피지기, 우리의 상대 일본은 누구인가

전 세계가 영토 문제로 시끄럽다. 어떻게든 자국에 유리한 주장을 하고 있다. 그중에서도 특히 일본은 유난하다. 일본은 우리나라와는 독도 문제로, 중국과는 센카쿠 열도, 필리핀과는 섬들, 그리고 러시아와는 사할린 열도 문제로 동서남북 사방으로, 전방위적인 영토분쟁을 일으키고 있다. 단지 국경선 문제가 아닌 자원 외교를 한 축으로 심각하게 대립하고 있는 셈이다.

『손자병법』에 '지피지기 백전불태(知彼知己 百戰不殆)'라 했다. 나를 알고 상대를 알면 절대로 위태로워지지 않는다는 말이다. 우리의 상대 일본은 누구인가? 좀처럼 혼네(本音, 속마음)를 내보이지 않고 그저 다테마에(建前, 겉 표정)만 상냥한 일본인. 일본은 가깝고도 먼 이웃나라이다. 가깝게 할 수도 그렇다고 멀리 내칠 수도 없는 나라이다. 36년간

식민 통치를 당한 아픔도 있지만, 경제적인 의존도도 어느 나라 못지않게 큰 나라이다.

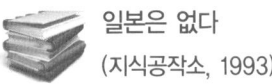
일본은 없다
(지식공작소, 1993)

역사적 사실은 교과서나 역사책에 자세히 설명되어 있다. 하지만 일본인, 그리고 일본인의 문화나 사회에 대한 글은 그리 많지 않다. 아마도 전여옥의 『일본은 없다』가 처음이지 않나 싶다. 저자는 국회위원을 지낸 기자 출신으로, 이 책은 그가 동경 특파원 시절 보고 느낀 일본인에 대한 단상을 모아 놓은 것이다. 당시 최고의 베스트셀러였고 이 책이 계기가 되어 저자는 정치에도 입문하게 된다.

일본은 있다
(고려원, 1994)

『일본은 없다』가 우리가 모르는 일본인을 알게 해준 책임에는 틀림없으나 약간의 편협적인 사고도 배어 있다. 이 책의 열풍을 타고 일본에 관한 책들이 봇물처럼 쏟아져 나왔다. 그중 하나는 직업 외교관으로서 일본을 본 서현섭의 『일본은 있다』이다. 제목 자체로 보면 『일본은 없다』에 대응하는 것으로 보이나 그렇지는 않다. 직업 외교관답게 역사적 사실에 근거한 일본을 조명하고 있다.

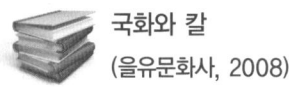
국화와 칼
(을유문화사, 2008)

비단 우리나라 사람만 일본을 알고 싶어하는 것은 아니다. 서양인들도 일본에 대해 궁금해 한다. 일본의 우키요에(浮世繪, 에도시대 풍속화)는 유럽 화단에 큰 영향을 주었다. 고흐 등 많은 작가들이 일본 그림을 모방하기도 했고, 드뷔시는 우키요에를 보고 교향곡 〈바다〉를 작곡했으며, 오페라 〈마담 버터플라이〉에 일본 여성을 등장시켰다. 서양인이 쓴 일본에 대한 책으로는 루스 베네딕트(Ruth Benedict)의 『국화와 칼』이 가장 유명하다. 일본을 상징하는 두 개의 단어 '국화'와 '칼'로 일본을 대변한 것이다.

일본, 일본인 탐구1, 2
(고려원, 1994)

일본인 스스로가 일본인에 대해 쓴 책은 일본의 석학 시바 료타로의 『일본, 일본인 탐구1, 2』가 있다. 일본 최고의 지성인으로서 일본에 대해 객관적으로 탐구한 것으로 일본을 알기 위해 반드시 읽어봐야 할 책 중 하나이다.

한국을 모르는 한국인, 일본을 모르는 일본인
(무한, 1999)

이 외에도 외교관 미찌가미 히사시의 『한국을 모르는 한국인, 일본을 모르는 일본인』이 있다. 어떻게 하면 두 나라가 건설적인 대화를 할 수 있을까라는 주제로 풀어간 한일 관계에 관한 책이다. 한일 관계의 왜곡된 모습을 정확히 인식하고 일본의 한국에 대한 이해 수준을 알려준 책이다.

 일본 키워드 77 이것이 일본이다
(고려원, 1996)

조금 특이한 책으로는 조양욱의 『일본 키워드 77 이것이 일본이다』가 있다. 일본을 대표하는 단어 77개를 중심으로 일본을 풀어헤친 책이다. 일본어로 번역하고 한글을 대조한 형식으로 만든 책으로 일본어 교습서로 활용하기에도 아주 좋다. 단지 현재 절판 중이라는 것이 조금 애석하다.

일본 하면 우리에게 제일 먼저 떠오르는 단어는 바로 독도일 것이다. 우리의 영토 독도 지킴이, 김장훈과 민간 외교의 첨병 반트(VANTT). 그들의 노력도 중요하지만 우리 국민 개개인이 일본을 정확히 알고 적절하게 대응하는 국민 자세도 중요하다. 영토 문제는 단지 일본과의 독도 문제만 있는 게 아니다. 중국과의 이어도, 북간도 문제 그리고 옛 발해를 지방 국가로 매도하는 동북공정도 지켜봐야 한다. 우리 모두가 나라를 수호하는 지킴이가 되기 위해서는 먼저 우리 모두가 상대를 정확히 알아야 할 필요가 있다.

인물정보

전여옥

이화여자대학교 사회학과를 졸업하고 서강대학교 공공정책대학원에서 일본정치를 전공, 석사학위를 받았으며 현재 이화여자대학교 대학원 정치학과 박사과정 중이다. KBS에서 14년간 문화부, 사회부, 국제부, 편집부 기자로 활동했고 1991년 방송 여기자 최초 해외 특파원이 되었다. 2004년 한나라당에 입당, 2004년 전국구 국회의원으로 당선되었으며 저서로는 베스트셀러를 기록한 『일본은 없다』 외에 『간절히 @ 두려움 없이』, 『여성이여, 테러리스트가 돼라』, 『여성이여, 느껴라 탐험하라』, 『폭풍전야』 등 다수가 있다.

Part 3
Autumn
서양철학 비틀어 보기

Week 27

브리태니커 '위대한 책 100선'의 서른여섯 번째 책

책을 고르는 데 신중했다. 그러나 너무 무거운 내용의 책을 골랐다는 생각이 든다. 미국에서는 식탁에서 대화할 때 금기시하는 세 가지 주제가 있다고 한다. 여자, 정치 그리고 종교이다. 여자 이야기를 하면 반드시 사단이 나고, 정치 이야기는 좌중이 좌우로 갈리게 되어 있다. 그리고 종교는 영원히 정답이 없는 문제라서 즐거워야 할 식사를 망치기 때문이다. 그만큼 종교 문제는 매우 민감한 부분이어서 섣불리 평을 달기가 조심스럽다. 하지만 반드시 짚고 넘어가야 할 과제이기도 하다는 생각으로 과감히 책을 선택했다.

파스칼의 팡세
(대장간, 2011)

『팡세(Pensées)』는 브리태니커에서 선정한 '위대한 책 100선' 중

서른여섯 번째 책이다. 서점에 가서 팡세를 찾으니 두 곳에 진열되어 있었다. 인문학과 종교 코너이다. 두 책을 번갈아 비교해보다가 종교 코너에 있는 박철수의 『파스칼의 팡세』를 택했다.

이 책의 저자는 성경 다음으로 팡세를 좋아한다는 목사님이다. 저자는 팡세가 너무 난해해 접근하기 어렵고 번역이 조잡해서, 본디 주옥같은 글을 살리기 위해 주석을 달아 책을 출간했다고 밝혔다. 이 책은 전역이 아니다. 일부 내용을 발췌한 것이다. 이를 통해 파스칼이 전하려는 메시지의 진수를 맛보게 하고, 독자들이 이 책을 디딤돌 삼아 전역을 읽고 싶게 하려는 의도가 바탕이 되어 있다.

책의 내용을 이해하려면 당시의 환경, 그리고 작가에 대한 이해가 필수적이다. 파스칼은 우리에게 단순히 수학자로만 알려져 있는 편이다. '파스칼의 원리'로 유명하고, 간혹 명언을 많이 남긴 철학자로 알려져 있는 게 일반적이다. '클레오파트라의 코가 조금만 낮았더라면 세계 역사는 어떻게 되었을지 모른다' 같은 말들이다. 그러나 그는 컴퓨터를 만든 사람, 정확히는 계산기를 만든 사람이기도 하고, 공용합승마차를 창안해 운영하기도 했으며, 세일즈맨이기도 했다. 자선사업가, 성경연구가, 또 금욕주의자이기도 했다. 39세라는 짧은 일생에 매우 다채로운 일들을 했다.

우리는 합리주의의 양대 거목으로 데카르트와 파스칼을 꼽는다. 하지만 파스칼은 데카르트나 몽테뉴를 혐오했다.(『수상록: 에세이』를 쓴 몽테뉴의 삶은 사라 베이크웰의 『어떻게 살 것인가』(책읽는수요일, 2012)에 자세히 묘사되어 있다.) 파스칼은 이성은 믿을 것이 못 된다고 생각하며, 유대교를 비롯한 다른 종교를 무시하는 태도를 지녔다. 현대의 관점에서 보면 지나치게 광적인 기독교 숭배주의자의 면모를 보인다. 때문에 책에 좋은 명언들이 많음에도 불구하고, 내용이 지나치게 하나님과 기독교주의적인 글에 치중해 있다는 생각이 든다. 한편 섣불리 파스칼의 원전을 읽다가 도중하차를 하느니 이 책을 고른 것이 다행이라는 생각도 들었다. 비록 일부 발췌본만 볼 수 있지만 이를 통해 전체를 이해할 수 있다.

파스칼은 한쪽으로 치우친 천재, 다시 말해 오직 기독교만을 종교라고 생각해서 다른 종교를 부정한 독선적인 신앙인이다. 내 견해로는 그저 우리에게 명언을 남긴 철학자, 그리고 위대한 수학자로 자리 매김하는 것이 좋다는 생각이 든다. 합리적인 이성에 의해 살아가는 평범한 비기독교인으로서 파스칼보다는 데카르트 쪽에 무게를 두고 싶다.

인물 정보

파스칼(Blaise Pascal)

....

프랑스의 과학자, 종교사상가, 문학자. 부친 에티앤 파스칼(Étienne Pascal)은 세무 관계의 지방행정관이었는데, 수학과 기타 과학에도 조예가 깊어 당시 교양 있는 법복귀족(法服貴族)의 한 전형이라고 할 수 있다.

16세 때 데자르크(Desargue, Gérard. 프랑스 건축가·수학자)의 영향이 강한 『원추곡선시론』(1640)을 발표하고, 사영(射影)기하학(도형의 성질 중 사영변환에 의하여 변하지 않는 성질을 대상으로 하여 연구하는 기하학)에서의 「파스칼의 정리」를 밝혔다. 수학자 페르마(Pierre de Fermat)와 함께 확률의 문제를 논하고, 그 성과로 『수삼각형론』(1665)을 저술했다. 그의 대표작인 『팡세』는 사후에 출판되었다.

Week 28

꿈을 주고 역사를 가르쳐주는
신화(神話)의 세계

　우리는 불가능한 일을 이루었을 때 기적(奇蹟)이라 하고 그 스토리를 신화(神話)라고 부른다. 지난 런던올림픽에서 우리나라는 현대판 신화(?)를 이루었다. 금메달 개수와 종합순위를 목표로 한 10-10의 목표를 달성하기도 했지만, 무엇보다도 축구경기에서 동메달을 딴 것이다. 열대야에 잠 못 이루는 올림픽 페인들에게 큰 기쁨을 선사한, 거의 신화와 같은 스토리다.

　신화(神話)는 우리에게 꿈을 주고 역사를 가르쳐주는 중요한 매체이다. 신화학자인 웬디 도니거(Wendy Doniger O'Flaherty) 시카고대학 교수는, 신화는 현미경 기능과 망원경 기능을 가지고 있다고 말한다. 망원경 기능의 의미는 신화가 초자연적인 내용을 토대로 구성되어 있어 당시 사람들의 철학관, 세계관, 자연관을 엿볼 수 있게 해준다는 것이다. 그리고 현미경 기능의 의미는 신화 내용이 고대 당시의 소소한 일상을 엿볼 수 있게 해준다는 것이다.

세계의 신화 전설
(혜원, 2009)

모든 국가는 나름대로의 신화를 가지고 있다. 특히 개국 신화는 어느 국가, 어느 민족을 막론하고 모두 가지고 있다. 이런 신화들을 종합 정리한 것이 『세계의 신화 전설』이라는 책이고, 여기에는 우리 신화도 포함되어 있다.

세계의 신화는 대부분 천지창조로부터 시작된다. 하늘과 땅을 어떤 존재가 만들었고, 해와 달은 어떻게 생겼나에 대해 저마다 탄생 설화가 있다. 해와 달이 오누이라는 일본의 설화도 있고, 그리고 대지가 생성된 후 발생하는 대홍수의 사례는 세계 신화의 여러 곳에서 나타난다. 이런 신화가 토착 설화와 결합되면서 종교가 탄생했다.

신의 나라 인간의 나라
(두산동아, 2003)

이러한 종교 탄생 중 가장 유명한 것이 그리스·로마 신화와 관련된 것이다. 그리스·로마 신화를 바탕으로 한 헬레니즘이 헤브라이즘으로 변화하면서 유일신—기독교가 탄생했다. 중동 사막의 열악한 환경에서 생존을 위해 발생한 종교가 바로 기독교이다. 기독교는 유럽을 중심으로 여러 분파—그리스정교, 천주고, 개신교, 곱틱 등으로 나뉘고 다시 라틴아메리카의 해방신학으로 발전된다. 기독교에서 나온 이슬람교 역시 정통성 시비로 인해 시아파와 수니파로 나뉜다.

한편 아시아는 인도의 힌두교에서 나온 불교가 오랜 시간을 거쳐 널리 퍼졌다. 불교 역시 예외 없이 나뉘어저서, 자기수행 위주의 선불교는 남방에서, 교리 중심의 불교는 북방에서 성행했다. 우리나라의 단군신화는 일부에서 신화가 아니라 역사라고 주장하는 학자도 있지만, 대종교로 발전해 현재까지 이어지고 있다.

이러한 복잡한 신화와 그 속에서 태생된 종교 관계를 만화로 잘 해석해 놓은 책은 이원복의 『신의 나라 인간의 나라』이다.

| 그리스 · 로마 신화 (창해, 2009) | 그리스 · 로마 신화 (웅진지식하우스, 2000) | 그리스 · 로마 신화 (베텔스만, 2002) |

신화들 중 우리에게 가장 사랑 받는 것은 아마도 그리스 · 로마 신화일 것이다. 그리스 · 로마 신화에 등장하는 신의 이야기나 이름은 우리 생활 속에 깊숙이 자리 잡고 있다. 제우스, 헤라클레스, 머큐리, 새턴, 아폴로, 큐피드, 비너스 등 이들과 관련된 이야기나 이름은 우리에게 너무나도 익숙하다.

그리스 · 로마 신화는 벌핀치의 『그리스 · 로마 신화』가 가장 유명하고, 여러 번 번역되어 출간됐다. 우리나라에서는 삽화가 포함된 이윤기의 『그리스 · 로마 신화』 전 5권이 베스트셀러가 되었다. 독일 작가 미하엘 쾰마이어의 『그리스 · 로마 신화』는 그리스 · 로마 신화 중 가장 많이 읽히는 18가지 이야기를 모아 놓은 것으로 재미있게 구성돼 있다.

그런데 신화 중에서 유독 남부 유럽의 그리스 · 로마 신화만 지나치게 조명된다는 생각이 든다. 현대에 이르기까지 세계를 지배한 세력이 주로 남부 유럽이기 때문일 것이다. 그래서 북방계신화는 상대적으로 소외되었다. 하지만 요즘은 북방 신들을 주제로 한 영화들이 제작되면서, 북방계 신화는 조금씩 우리들에게 다가오고 있다. 망치의 신, 토르(Thor)는 가장 최근 흥행에 성공한 〈어벤져스(avengers)〉에도 등장한다. 북유럽 신화에서 에시르 신족을 이끄는 오딘(Odin)은 전쟁, 죽음, 마법을 주관하는 신이다. 오딘은 때로 워덴(Woden)이라고 불리기도 하는데, 영어 Wednesday(수요일)는 '오딘의 날'이라는 뜻을 가지고 있다. 오딘은 지혜의 샘물을 마시기 위해 자신의 왼쪽 눈을 미미르(Mimir)에게 바쳤다.

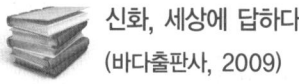
신화, 세상에 답하다
(바다출판사, 2009)

신화에 대한 새로운 시각으로 나온 책이 이원익의 『신화, 세상에 답하다』이다. 이 책은 특정 신화를 다루는 것이 아니라 출생의 비밀, 사랑, 우정, 질투 등 19가지 주제로 신화를 재해석하고 있다.

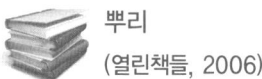
뿌리
(열린책들, 2006)

　우리 동양인들은 족보를 통해 정체성을 찾는다. 그런데 비단 우리만 유별나게 족보, 즉 혈통을 따지는 것은 아니다. 한때 미국의 헤일리가 쓴 『뿌리』라는 책이 전 세계에 큰 반향을 일으키고 그를 바탕으로 제작된 영화까지 대 히트를 쳤다. 이처럼 동·서양을 막론하고 자기 정체성을 찾는 일은 매우 중요하다.

　마찬가지로 한 민족 또는 국가가 자기 정체성을 찾는 것은 신화에서 출발한다. 신화는 단순히 허무맹랑한 이야기가 아니라 우리의 정체성을 밝혀주고, 더 나아가 우리의 미래를 그려주는 중요한 매체이기 때문이다. 신화 그 자체가 사실인지 아닌지는 중요하지 않다. 우리 모두가 그것을 믿고 하나로 단결된다는 점이 더 중요하다. 만약 우리에게 그런 정체성이 없다면 축구 경기에서 동메달을 획득했다고 그리 날뛰고 환호할 아무런 이유가 없을 것이다.

　'대-한민국, 짝. 짝. 짝.'

인물 정보

미하엘 쾰마이어

1949년 오스트리아에서 태어나 마르부르크대학교와 기센대학교에서 독문학과 정치학을 수학했다. 주요 저서로는 『내 머리 속으로 들어온 토니』를 비롯해, 『영웅들의 유희장』, 『텔레마코스』, 『탄탈로스』 등 다수가 있다. 최신작으로는 『에밀리오 자네티가 유명했을 때』와 어린이를 위한 책인 『울란바토르에서 온 편지』가 있다.

Week 29

탈무드, 영원히 살 것처럼 배우고 내일 죽을 것처럼 살라

    종교문제는 논쟁을 일으킬 소지가 많은 주제이지만, 한 번쯤은 짚고 넘어 가야 할 주제이기도 하다. 그 첫 번째로 유대인의 종교를 선택했다.

    유대인은 가장 성공한 민족으로 손꼽히며, 전 세계에 약 1,300만 명이 살고 있다. 이는 전 세계 인구의 약 0.2%에 지나지 않지만, 그들은 노벨상의 경제 분야 65%, 의학 분야 23%, 물리 분야 22%, 화학 분야 12%, 문학 분야 8%의 수상자를 낸 창의적 민족이다.

    그 외에도 그들의 창의성은 유명하다. 구체적으로 예를 들자면 철학 분야의 스피노자, 베르그송을 비롯해 자연과학 분야의 뉴턴과 아인슈타인, 음악 분야의 멘델스존, 쇼팽이 있다. 또한 미술 분야에는 샤갈과 모딜리아니 등이 있고, 영화 분야에서는 채플린과 스필버그가 있다. 경제 분야에는 로스차일드, 골드만삭스가 있고, 언론 분야에는 퓨리처, 로이터, 뉴욕 타임즈가 있다. 더 나아가 정치 분야로는 러시아의 레닌도 유대인이며 현대 정치의 총아인 키신저 역시 유대인이다. 또한 유대인은 미국 인구의 2%에 불과하지만 부호 400위권 내의 24%를 차지하고 있으며, 세계 경제를 쥐고 있는 막강한 힘으로 미국 정치는 물론 세계 정치 전반을 주무르고 있다.

유대인이 오래 전에 나라를 잃고 참혹한 홀로코스트(대학살)를 겪으면서도 굳건히 살아남을 수 있었던 이유는 그들만의 황금률이 있었기 때문이다. 그것이 바로 『탈무드』이다.

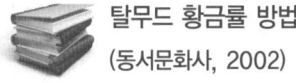
탈무드 황금률 방법
(동서문화사, 2002)

유대인들의 구약 성경에는 두 가지가 있다. 글로 쓴 성경인 '모세오경' 『토라』와 구전되어 내려온 '장로의 유전' 이다. 장로의 유전을 보존하기 위해 글로 정리한 내용에 현자들이 주석을 달아 완성한 것이 『탈무드』이다. '탈무드' 는 히브리어 'Talmud Tora' 의 준말로 '토라의 연구' 라는 뜻이다. 토라(Tora)는 유대 민족에서 구전되어 오는 율법을 말한다. 토라는 히브리어로 구약 성경에서 첫머리 다섯 권의 책을 말하며, '원칙' 또는 '가르침' 이라는 의미이다. 그것은 창세기, 출애굽기, 레위기, 민수기, 신명기 다섯 권으로 이루어져 있다.

『탈무드』는 6부로 농업, 제사, 여자, 민법과 형법, 사원, 순결과 불순으로 이루어져 있다. 그 구성에는 일정한 규칙이 있는데 반드시 '미쉬나(Mishna)' 라는 부분에서 시작한다. 미쉬나는 유대인 율법을 말하며, 이는 족장 혹은 랍비들이 편집한 구전 율법으로 수집본을 일컫는다. 랍비는 목사라기보다는 컨설턴트와 비슷하다. 그리고 성직자라기보다는 생활 속에 같이 하는 인생 선배와 같다.

이희영의 『탈무드 황금률 방법』에는 우리에게 익숙한 78:22 법칙을 비롯해 그들만의 성공 법칙 또는 생존법칙들이 잘 나타나 있다.

 영원히 살 것처럼 배우고 내일 죽을 것처럼 살아라
(함께북스, 2011)

마빈 토케이어의 『영원히 살 것처럼 배우고 내일 죽을 것처럼 살아라』는 '영원히 살 것처럼 배우고, 내일 죽을 것처럼 살라. 매일매일이 당신의 최후의 날이라고 생각하라. 그리고 매일 오늘이 당신의 최초의 날이라고 생각하라' 라는 탈무드의 첫 머리를 책 제목으로 삼았다. 저자는 이 책 외에도 『명화와 함께 읽는 탈무드』(풀잎문학, 2006), 『탈무드의 처세술』(동아일보사, 2009) 등 많은 저술을 남겼다. 뉴욕의 랍비인 그는 미국 군종 장교의 신분으로 오산 공군기지에서 근무한 적이 있다. 현재는 일본에서 활동하고 있는데, 그래서인지 우리에게 친숙한 느낌이 든다.

| 탈무드 유머 | 탈무드 잠언집 |
| (미래문화사, 2008) | (토파즈, 2008) |

이 외에도 임유진의 『탈무드 유머』, 김하의 『탈무드 잠언집』 등 탈무드를 중심으로 하는 많은 책들이 출간되어 있다.

유대인은 기도하는 종교인이 아니라 공부하는 종교인, 더 나아가서는 배운 것을 실천하는 생활인이다. 그래서인지 그들의 생활 속에는 계율이 많다. 지켜야 할 계율이 무려 631가지에 달한다. 이 많은 계율 중 상호간의 평화적인 유대 관계를 지속하기 위하여 반드시 지켜야 할 일곱 가지 계율이 있다.

첫째, 동물을 죽여 그 날고기를 먹지 말라.
둘째, 남을 험담하거나 욕하지 말라.
셋째, 도둑질을 하지 말라.
넷째, 법을 어기지 말라.
다섯째, 살인을 하지 말라.
여섯째, 근친상간을 하지 말라.
일곱째, 불륜관계를 맺지 말라.

결론적으로 탈무드는 유대인에게 이렇게 가르치고 있다. '자기 자신을 잃지 않고, 고독과 이기주의를 버리고, 유일자인 자기 자신을 지켜 나아갈 수 있어야 한다. 모든 인간은 자기 방식으로 속죄해야 하며, 인생에서 자신을 엄하게 지키는 일이야 말로 무엇보다도 중요하다는 것을 알아야 한다.'

유대교의 교리가 우리에게 다소 어색하고 생소할지라도, 우리는 다른 종교를 이단시하지 않고 서로를 존중해야 할 필요가 있다.

인물 정보

마빈 토케이어(Marvin Tokayer)

뉴욕 예시바대학교 대학원에서 철학과 교육학 분야 석사학위를 받았다. 1962년 랍비 자격을 취득한 이후 미공군 유대 종군 군목으로 일본에 파견되어 큐슈에서 근무하였으며, 뉴욕 예배당 랍비로 시무하였다. 일본으로 건너가 일본 유대교단의 랍비가 되어 재일 유대인의 상담역으로 활약하며 유대문화와 인본문화를 연구하다가 1976년에 귀국했다. 저서로는 『유태 5천 년의 지혜(탈무드)』, 『유태 발상의 경이』, 『유대인의 격언집』, 『유대 조크집』 등이 있다.

Week 30
이슬람교

전 세계에 17억 신도를 가진 이슬람교는 크리스트교, 불교와 더불어 세계 3대 종교 가운데 하나이다. 그렇지만 우리는 이슬람교에 대해 그다지 많은 것을 알고 있지 않다. 그나마 알고 있는 것도 왜곡된 것이 대부분이다. 이슬람 세계는 오랫동안 서구 크리스트교 세계의 '적'으로 간주되어 부정적인 평가만 받아왔으며, 우리도 이런 시각을 받아들여 이슬람교를 제대로 이해하지 못하는 부분이 많다.

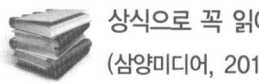
상식으로 꼭 읽어야 할 이슬람
(삼양미디어, 2012)

야히야 에머릭(한상연 번역)의 『상식으로 꼭 읽어야 할 이슬람』은 이런 오해를 불식시키기 위한 책이다. 이슬람교는 610년 무함마드에 의해 제창된 일신교이며, 무슬림은 이슬람교를 믿고 추종하는 신자로서 '절대 복종하는 자'를 의미한다. 일반적으로 일컫는 아랍이라는 표현은 아랍민족을 의미한다. 그리고 아랍은 아랍어를 사용하고 이슬람교를 국교로 정한 나라의 집합체를 뜻한다.

이슬람교에 대한 이해는 예전부터 많은 지식인들 사이에서 유행했었다. 나폴레옹은 '만약 사람들이 이슬람교의 삶의 방식을 따른다면 언젠가는 진정한 평화와 형제애가 가득한 세상이 도래할 것'이라고 말한 적이 있다. 또 현대에는 조지 버나드 쇼가 '어느 날 갑자기 서구 세계가 이슬람교를 받아들일 것'이라고 말했다. 그는 무함마드에 대해서 '그는 인류의 구세주라 불러야 마땅하다. 무함마드와 같은 사람이 오늘날의 세계를 다스린다면, 온갖 문제를 해결하여 세계가 절실하게 필요로 하는 행복과 평화를 가져올 것이다'라고 말했다.

그렇다면 9.11 테러의 주범으로 몰린 이슬람교는 과연 폭도들의 집합체인가? 오사마 빈 라덴이 이끄는 이슬람 과격 단체의 행동으로 전체 이슬람들을 매도하는 것은 불합리한 일이라고 생각된다. 지하드(jihad)는 말 그대로 '확고한 결심과 무언가를 이루고자 분투하는 것'을 의미한다. 많은 사람들이 '성전(聖戰)'을 뜻한다고 생각하지만 이는 잘못된 번역이다.

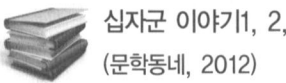 십자군 이야기 1, 2, 3 | 그림으로 보는 십자군 이야기
(문학동네, 2012) | (문학동네, 2011)

  1970년 이탈리아인 의사와 결혼하고 얼마 후 이혼한 시오노 나나미는 현재 아들과 함께 로마에 거주하며 왕성한 집필활동을 이어오고 있다. 그녀의 대표작인 『로마인 이야기』(한길사)는 1995년 1권부터 시작해 2007년 15권 전집이 번역되었다. 그녀는 1996년 5월에 우리나라에도 방문했었다. 그 후 그녀의 작품으로는 『십자군 이야기』 3권과 『그림으로 보는 십자군 이야기』가 있다. 이 작품들은 크리스트교와 이슬람교의 200년 전투를 그린 책이다.

  이 시리즈 중 『그림으로 보는 십자군』은 구성이 조금 독특하다. 이 책은 삽화가 중심이 된 십자군 전쟁의 요약본이다. 삽화는 귀스타프 도레의 그림인데, 이는 원래 프랑수아 미쇼가 쓴 『십자군의 역사』의 삽화로 그려진 것이다. 도레의 작품은 목구목판(wood engraving, 木口木版) 기법을 사용했다. 목구목판 기법은 목판에 펜으로 원화를 그리고 연한 잉크로 농담을 준 후, 조판하는 사람이 그 음영을 정교한 해칭으로 재현하여 인쇄하는 방식이다. 도레는 이 기법을 구사해 『성서』, 『신곡』, 『돈키호테』의 삽화를 그린 19세기 비주얼 아티스트인 셈이다.

  1차 십자군(1098)은 피에르에게 선동된 농민, 떠돌이 기사, 여자와 아이들 모두 10만 명으로 시작되었다. 3차 십자군은 독일 황제인 '붉은 수염' 프리드리히 1세, 프랑스의 '존엄왕' 필리프, 영국의 '사자왕'

리처드 1세가 주를 이루었다.(리처드 1세가 바로 '로빈 훗'의 대상이 된 왕이다. 귀국 도중 프랑스에 감금되었다가 풀려 나왔다.) 그리고 5차 십자군 진영의 이탈리아 수도사 프란체스코가 이슬람 적장을 찾아갔으나 협상에 실패했다. 결국 1291년 8차 십자군으로 두 종교 간의 전쟁은 종료되었다.

200년간의 전쟁으로 인해 양 지역의 문화·종교적인 교류가 발생했다. 선민사상을 가진 유대교와 달리 크리스트교는 이교도에 대한 포교를 중요시했기 때문에 이슬람교도의 개종도 중시했다. 하지만 이슬람교의 성전인 코란은 강제적인 개종을 금지한다. 이슬람교에 대해 '한 손에 코란, 다른 한 손에 칼'이란 표현이 널리 알려져 있지만, 이런 식의 개종 방법은 가르치지 않는다. 하지만 200년 십자군 전쟁의 역사를 통해 이슬람교에서 크리스트교로 개종한 사람보다 크리스트교에서 이슬람교로 개종한 사람이 더 많았다고 한다.

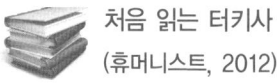
처음 읽는 터키사
(휴머니스트, 2012)

전국역사교사모임이 쓴 『처음 읽는 터키사』에서 이슬람 국가의 문화와 정치를 엿볼 수 있다. 터키는 가는 곳마다 이슬람교의 예배당 모스크가 있고 하루에도 여러 차례 예배 시간을 알리는 소리 아잔이 울려 퍼지는 이슬람 국가이다. 그러나 동시에 초기 기독교의 7대 교회가 있는 나라이기도 하다. 작은 분수를 사이에 두고 크리스트교를 대표하는 소피아 성당과 이슬람교를 대표하는 블루 모스크가 서로 마주보고 서 있다.

이처럼 지리적으로도 역사적으로도 종교·문화적으로도 동·서양의 문명이 교차하는 곳이 바로 터키이다. 터키는 고대 그리스나 로마 유적의 원형이 잘 보존되어 있기 때문에, 옛 유적의 모습을 가장 잘 보기 위해서는 이탈리아나 그리스가 아닌 이곳 터키로 가야 한다.

터키는 이슬람 국가지만 이슬람교를 국교로 삼지 않은 나라로서 세속주의를 표방하고 정경분리가 이루어진 국가이다. 따라서 이슬람교각 종파의 공동체를 인정하고 있다. 밀레트는 터키어로 '종교 공동체' 또는 '민족'을 뜻하는 말로, 종교별로 구성된 일종의 종교 자치제이다. 이스탄불에는 튀르크 무슬림, 그리스 정교도, 아르메니아 기독교도, 유대교도들이 저마다 밀레트를 만들어 각자 자신의 교회를 짓고 마을을 이루며 살았다. 유대교 밀레트는 랍비가, 기독교와 정교는 총사교장이, 무슬림은 세이휼이슬람(대율법사)이 대표를 맡고 있다. 무슬림은 금요일, 유대교는 토요일, 기독교는 일요일을 주일로 운영하고 있다.

이슬람교의 다섯 기둥은 첫 번째, 사하다: 알라에 대한 충성 고백—신앙 고백, 두 번째, 살라트: 일상적인 기도—예배, 세 번째, 자카드: 연례적인 자선 행동, 네 번째, 사움: 한 달 동안 지속되는 단식—라마단, 다섯 번째, 핫즈: 성지순례이다.

지금 이 글을 쓰고 9월은 라마단이 끝나고 이슬람의 성지 순례기간이다. 왜 그리도 17억 인구가 이슬람을 믿는 것인가?

불교를 한 마디로 압축한다면 '자비(慈悲)'라고 한다면 기독교는 '박애(博愛)'라고 할 수 있다. 그렇다면 이슬람은? 아마도 '평등(平等)'이 아닐까 싶다.

인물 정보

야히야 에머릭

무슬림과 비 무슬림 모두를 상대로 한 이슬람학 전문 교육자이다. 종교와 교육 분야에서 활발하게 저술활동을 하고 있으며, 『무함마드 전기』, 『영문 해설판 꾸란』 등 이슬람학 관련 도서를 30여 권 출간했다. 북미 이슬람 재단 회장을 역임하였고, 현재는 이슬람 학교의 교감 직을 맡고 있다.

Week 31
힌두교의 나라 인도의 철학

사물과 사물 사이의 빈 공간을 틈이라고 한다. 공간적인 의미 외의 틈도 있다. 바로 시간의 틈이다. 즉, 과거와 미래 사이에는 영원으로 통하는 틈이 있는데 그것이 바로 '현재' 다.

우리는 서양철학이라고 하면 그리스, 동양철학이라고 하면 중국이라는 고정관념 속에 살아왔다. 물론 철학 세계가 이렇게 양분되어 있는 것만은 아니다. 우리는 4대 문명의 발상지 중 하나이자 4대 종교 중 하나인 힌두교의 나라 인도의 철학에 소홀하고 있다.

틈
(큰나무, 2004)

현대 인도의 철학자 오쇼 라즈니쉬는 총 4개의 장으로 구성된 『틈』

이라는 책에서 틈에 대해 명쾌한 정의를 내리고 있다.

제 1장 인생의 틈: 마음 전체가 빛으로 가득할 때 삶은 비로소 하나의 기적이 된다. 더 이상 평범한 삶이 아닌, 모든 일이 비범해지는 특별한 삶으로 바뀐다. 제 2장 변화의 틈: 삶은 아주 짧고 깨달아야 할 일이 많다. 그러니 자꾸만 미루는 사람들은 계속해서 헤매기 마련이다. 오늘 할 일을 내일로 미루면, 내일 할 일은 다시 모레로 미룬다. 제 3장 사랑의 틈: 서로 맞지 않는다고 걱정하지 말고 조화와 조율을 이룰 수 있도록 모든 노력을 기울이는 것, 이것이 사랑의 방법론이다. 제 4장 존재의 틈: 일어나는 모든 것을 깊이 받아들이면 그것은 축복이 된다. 모든 것은 내면의 존재가 침묵을 원하기 때문에 일어난 것이다. 존재의 부름에 응하라.

삶의 연금술사라고 불리는 오쇼 라즈니쉬는 1931년 12월 11일 인도의 쿠츠와다에서 태어났다. 1960년대 후반에 이르러 오쇼는 특유의 '다이나믹 명상법'을 개발하기 시작했다. 그는, 현대인들은 과거의 낡은 전통과 현대 생활의 온갖 욕망에 짓눌려 있기 때문에 깊은 정화 과정을 통해 무념이라는 이완 상태에 이르러야 한다고 말했다. 그는 인간 의식의 발전 단계를 규명하고, 현대인의 영혼에 진실로 필요한 것이 무엇인가를 설파했다.

또한 그는 모든 전통을 거부했다. "나는 완전히 새로운 종교적 의식의 출발점이다. 나를 과거와 연결시키지 말라. 과거는 기억할 가치가 없다." 그가 전 세계에서 온 제자들과 구도자들에게 강의한 내용은 30개가 넘는 언어를 통해 600권이 넘는 책으로 발간되었다. 국내에서도 『배꼽』(윤미디어, 2012)을 비롯해 수많은 저서가 번역되어 사랑을 받고 있다.

"나의 메시지는 교의가 아니며, 철학도 아니다. 나의 메시지는 일종의 연금술이며 변환의 과학이다. 따라서 나의 메시지는 지금은 상상할 수도 없는 새로운 모습으로 다시 태어나기 위해 기꺼이 죽을 수 있는 자들, 용기 있는 자들만이 들을 수 있다. 나의 메시지는 위험하기 때문이다. 나의 메시지를 듣는 순간 그대는 다시 태어나기 위한 첫 걸음을 내딛는 것이다. 따라서 나의 메시지는 그대가 외투처럼 걸치고 자랑할 수 있는 철학도 아니고 그대를 괴롭히는 질문을 잠재우기 위한 교의도 아니다. 나의 메시지는 언어적 대화가 아니다. 나의 메시지는 훨씬 위험하다. 그것은 바로 죽음과 부활이다."

그를 따르는 동·서양의 많은 제자들이 그에게 '바다와 같은 자', '축복 받은 자'라는 의미를 지닌 오쇼(Osho)를 헌사했다. '오쇼'는 고대 일본에서 유래한 말로, 중국 남북조시대의 승려 혜가가 그의 스승인 보리달마에게 보낸 편지 겉봉에 쓴 것이 처음이다. '오'는 더 없는 존경과 사랑, 그리고 감사의 마음이 복합된 의미를 지닌다. '쇼'는 자각에 대한 4차원적인 표현이며, 동시에 모든 방향에서 볼 수 있는 존재를 의미한다.

'태어나지 않았고 죽지 않았다. 다만 지구라는 행성을 다녀갔을 뿐이다.' 그의 묘비명은 태어나고 죽는 것을 초월한 것으로 보인다. 우리는 우주에서 왔으며 지구는 잠시 머물러가는 하나의 과정일 뿐이니 아옹다옹하며 살 필요가 없다는 의미로 받아들여도 무리가 없을 것이다.

인간은 누구나 이런 시간의 틈을 가지고 있으며 그 틈을 어떻게 사용하느냐에 따라 그의 인생이 달라진다. 우리는 과거의 나에서 새로운 나로 태어날 수 있는 바로 지금 이 순간, 현재라는 시간의 틈에 서 있다.

인물 정보

오쇼 라즈니쉬

라즈니쉬 찬드라 모한 자인(Rajneesh Chandra Mohan Jain)은 인도의 신비가, 구루(특히 인도 종교에서 '선생'을 뜻하는 산스크리트어) 및 철학자이다. 아차리아 라즈니쉬라는 이름으로도 알려졌으며, 자신을 브하그완 슈리 라즈니쉬라 불렀고, 1989년에 '오쇼'라는 이름을 새로 택하여 그 뒤로는 주로 오쇼 라즈니쉬로 불린다.

오쇼는 1960년대에 철학 교수로서 인도를 돌아다니며 대중을 상대로 강연했다. 명상에 대해 강의했던 오쇼 라즈니쉬에게 열광하는 사람들이 늘고 있다. 그를 따르는 동·서양의 많은 제자들이 그에게 '바다와 같은 자', '축복 받은 자'의 의미를 지닌 오쇼(Osho)를 헌사했다.

그의 묘비명은 태어나고 죽는 것을 초월한 것으로 보인다. 우리는 우주에서 왔으며 지구는 잠시 머물러가는 하나의 과정일 뿐이니 아옹다옹하며 살 필요가 없다는 의미로 받아들여도 무리가 없을 것이다. 그는 자신의 이름, '오쇼'처럼 영혼의 근원인 우주의 바다로 돌아갔을 것이다.

Week 32

메트로폴리탄 박물관에서 산 특별한 도록(圖錄)

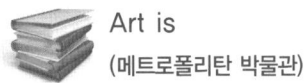
Art is
(메트로폴리탄 박물관)

　이번 미국 여행 때 뉴욕의 메트로폴리탄 박물관에 들렀다. 대영 박물관과 마찬가지로 시내에 위치해 있기 때문에 관광객으로 붐볐다. 입장료(25달러)가 있지만 개인의 경우는 자기 성의껏 기부금만 내면 된다고 가이드가 알려주어서 2달러를 내고 입장했다. 상당히 거대한 전시실이었지만 딱히 볼 만한 것들이 없었다. 유럽 쪽의 박물관과 달리 역사적인 것이나 오랜 소장품은 거의 없고 최근에 돈으로 사들인 것들뿐이었다. 이건희의 기부로 만들어졌다는 한국관 역시 빈약했다. 그래서인지 현대 미술 쪽에 치중한 것 같았다.

　항상 그렇듯이 사람들은 박물관을 방문하면 안내서를 보고 볼 만한 것 중심으로 관람한다. 나 역시 한국어 가이드 맵을 보고 따라다녔다. 짧은 시간에 모든 것을 다 볼 수가 없기 때문에 도록을 반드시 산다. 기념품 코너에서 재미있는 책 한 권을 발견했다. 바로 『Art is』이다.

박물관이 소장한 작품을 도록 형태가 아닌, 작품 중심으로 해설을 붙였는데, 그 방식이 특이했다. 작품과 함께 간단한 정의를 아포리즘(Aphorism) 형태로 처리했다. 그리고 책의 서문에 이런 문구가 적혀 있었다. "WHAT IS ART?" is a question with no single answer? in fact, this book has nearly two hundred responses(예술을 한 마디로 정의하기란 쉽지 않다. 약 200 여 작품을 통해 예술이란 무엇인가를 정의하고 있다). 그리고 책의 기획을 이렇게 전하고 있었다. A Michelangelo sketch is practice; A Nigerian mask is symmetry. 즉, '미켈란제로의 스케치는 연습이고, 나이제이아의 가면은 대칭이다' 라는 식의 해설이 참신했다. 그 아래의 전문을 소개하자면 다음과 같다.

Art is Practice, art is mastery. Art is a story, art is an impression.
Art is inventive, art is found. Art is simple, art is detailed.
Art is fierce, art is tender. Art is symmetry, art is composition.
Art is symbolic, art is descriptive. Art is guarded, art is

uninhibited.

Art is worn, art is heard. Art is study, art is craft.

Art is a record, art is a moment. Art is fanciful, art is understated.

Art is pattern, art is brushstroke. Art is random, art is ritual.

Art is shape, art is color. Art is sight, art is sound.

Art is delight, art is sorrow. Art is history, art is allegory.

Art is gilded, art is glazed. Art is dramatic, art is serene.

Art is industrial, art is homespun. Art is chiseled, art is hammered.

Art is function, art is form. Art is woven, art is carved.

Art is longing, art is desire. Art is sketch, art is illumination.

Art is advertisement, art is adaptation. Art is above your head, art is under your feet.

Art is memory, art is fantasy. Art is moving, art is still.

art is monumental, art is miniature. Art is restrained, art is sensuous.

Art is useful, art is whimsical. Art is skill, art is chance.

Art is didactic, art is expressive. Art is ornamental, art is unadorned.

Art is collage, art is mosaic. Art is rendered, art is stitched.

Art is structured, art is dynamic. Art is competition, art is conquest.

Art is young, art is old. Art is figurative, art is abstract.

Art is philosophy, art is belief. Art is self, art is madness.

Art is line, art is point. Art is pride, art is humiliation.

Art is lush, art is spare. Art is hunger, art is nourishment.

Art is precision, art is juxtaposition. Art is saintly, art is sinful.

Art is translucent, art is solid. Art is on a wall, art is in a closet.

Art is creation, art is destruction. Art is angular, art is sinuous.

Art is printed, art is painted. Art is real, art is imaginary.

Art is sacred, art is profane. Art is regal, art is humble.

Art is seascape, art is cityscape. Art is narrative, art is myth.

Art is atmospheric, art is ethereal. Art is a glance, art is a gaze.

Art is instruction, art is construction. Art is documentary, art is legend.

Art is embroidered, art is etched. Art is comedy, art is tragedy.

Art is bejeweled, art is austere. Art is war, art is victory.

Art is honesty, art is chicanery. Art is drafted, art is sculpted.

Art is interpretation, art is another interpretation. Art is common, art is sublime.

Art is sport, art is theater. Art is pious, art is provocative.

Art is mannered, art is photographic. Art is journey, art is an adventure.

Art is warm, art is cool. Art is vanity, art is self-sacrifice.

Art is an emblem, art is an icon. Art is reflection, art is perspective.

Art is calligraphy, art is type. Art is polished, art is crackled.

Art is seen, art is hidden. Art is portrait, art is landscape.

Art is organic, art is fabricated. Art is conceptual, art is representation.

Art is geometric, art is arabesque. Art is rhythm, art is dance.

Art is built, art is abandoned. Art is fable, art is parable.

Art is depth, art is illusion. Art is attentive, art is weary.

Art is suggestive, art is revealing. Art is observation, art is imagination.

이제는 도록도 창의력을 발휘해서 만들어야 잘 팔리는 시대가 되었다. 그저 천편일률적인 해설서 수준으로는 사람들의 지갑을 열기가 쉽지 않다. 한 가지 아쉬운 것은, 이 책은 오직 메트로폴리스 박물관에서만 구할 수 있다는 것이다.

박물관 정보

메트로폴리탄 박물관

세계 4대 박물관 중 하나로, 약 330만 점에 이르는 소장품은 미국 최대 규모를 자랑한다. 거의 대부분의 소장품은 개인 수집가들이 기증한 것이고 일부는 미술관에서 직접 구입한 것이다. 선사시대부터 현대에 이르는 방대한 미술품이 한자리에 모여 있어 훌륭한 학습의 장이 되어준다. 미술관은 꽤 넓고 복잡해서 관람하는 데 시간이 많이 걸리므로 먼저 미술관 안내도를 보고 관람 계획을 세우는 것이 좋다. 전시는 고대 오리엔트 미술, 그리스·로마 미술, 아시아 미술, 유럽 회화, 이슬람 미술 등 20개 분야로 나뉘어 있다.

가장 인기 있는 전시관은 19세기 유럽 회화와 조각실이다. 르누아르, 고흐, 고갱, 세잔 등 신고전주의와 낭만주의부터 인상파, 후기인상파에 이르기까지 유명 작가들의 다양한 작품을 전시하고 있다. 고흐의 〈밀짚모자를 쓴 자화상〉, 고갱의 〈이아 오라나 마리아〉 등 전 세계인으로부터 많은 사랑을 받고 있는 작품을 볼 수 있다. 그 밖에 이집트, 아프리카 등 신비로운 이미지를 간직한 나라의 예술품을 한자리에서 만날 수 있다.

Week 33

괴테의 말, 니체의 말

초역 괴테의 말
(삼호미디어, 2012)

　세상을 살다 보면 아주 가끔 가슴에 딱 와 닿는 말이 있다. 속칭 명언이다. 그리고 짧은 한 마디가 비수가 되어 가슴에 꽂히기도 한다. 그래서인지 바쁜 현대인들에게 이런 촌철살인(寸鐵殺人)과 같은 잠언 형태의 글들이 유행하고 있다. 그러한 맥락의 책이 최근에 나왔다. 일본인 가나모리 시게나리, 나가오 다케시의『초역 괴테의 말』이 그것이다.

　괴테는 '좀 더 많은 빛을!' 이라는 최후의 말을 남기고 세상을 떠났다고 한다. 그는『젊은 베르테르의 슬픔』(1774)으로 일약 유명 작가가 되었다. 그리고 구상에서 완성까지 60년이 걸린『파우스트』는 그의 대표작이다. 대문호이자 철학자인 그는 시, 소설, 희곡, 기행문을 포함해 다수의 명작을 남겼다. 그의 수많은 말들 중에서 '행동할 것인가, 인내할 것인가. 좌절은 이 두 방법을 통해 타개할 수 있다'고 한 것이 가장 기억에 남는다.

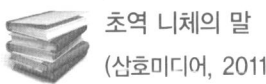
초역 니체의 말
(산호미디어, 2011)

비슷한 류의 책으로 역시 일본인 시리토리 하루히코의 『초역 니체의 말』도 깊은 감동을 준다. 일반적으로 니체는 『짜라투스트라는 이렇게 말했다』에 의해 허무주의 철학자로 알려져 있다. 하지만 그의 책을 잘 살펴보면 그가 지극한 현실주의자임을 알 수 있다.

이 책에서 니체의 그런 면모를 자주 접할 수 있다. 제대로 생각하는 사람이 되고 싶다면 최소한 다음 세 가지 조건이 필요하다고 말한다. '사람과 교제할 것, 책을 읽을 것, 정열을 가질 것', '지금 이 인생을 다시 한 번 완전히 똑같이 살아도 좋다는 마음으로 살라', '죽는 것은 이미 정해진 일이기에 명랑하게 살아라. 언젠가는 끝날 것이기에 온 힘을 다해 맞서자. 시간은 한정되어 있기에 기회는 늘 지금이다.' 이런 말들을 보면, 니힐리즘이라기보다는 훨씬 현실적이고 에피쿠로스의 쾌락주의와도 선이 닿는 듯한 느낌을 받을 수 있다. 물론 지금까지 언급한 두 권의 책은 괴테나 니체가 직접 쓴 것이 아니라 일본작가가 그들의 작품들을 편집해서 만든 잠언집이다.

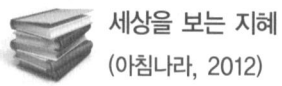
세상을 보는 지혜
(아침나라, 2012)

잠언 형태의 글로는 단연 발타자르 그라시안의 말을 담은 『세상을 보는 지혜』가 가장 유명하다. 이 책은 유명한 염세주의 철학자인 쇼펜하우어가 편저한 것으로, 최근 2012년에 '아침나라'에서 새롭게 출간되었다. 이 책을 필두로 하여 그라시안의 말은 수많은 책으로 제작되어 사람들의 사랑을 받고 있다. 예를 들어 『지혜의 기술』(서교, 2005), 『너무나 인간적이지만 현실감각이 없는 당신에게』(타커스, 2012), 『사람을 얻는 240개의 비법』(아름다운날, 2012) 등이 있다.

그라시안은 1601년 출생한 스페인 작가이자 철학자로 한때는 마드리드 궁전에서 강의도 했다. 그의 저술은 친구이자 고고학자이며 문학애호가인 후안 데 라스노스에 의해 대부분 출간되었다. 그의 말은 400년이 지난 지금도 마치 그가 동시대에 살며 동시대인에게 조언해주는 것 같은 느낌을 준다.

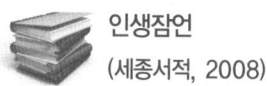
인생잠언
(세종서적, 2008)

리처드 템플러의 『인생잠언』은 100편의 잠언을 소개하고 설명한다.

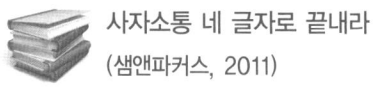
사자소통 네 글자로 끝내라
(샘앤파커스, 2011)

이처럼 잠언은 대부분 서양 사람들의 말을 소개한 것이 많다. 이에 비해 동양의 잠언은 주로 사서삼경을 중심으로 하는데, 사자성어가 주로 동양인들의 잠언 역할을 대신하고 있다. 사자성어는 국어 참고서나 한문 책 뒤에 부록으로 나오는 것들로, 간혹 입학시험이나 취식시험에 나오곤 해서 열심히 공부했었다. 이런 사자성어를 새롭게 정리한 책이 이남훈의 『사자소통 네 글자로 끝내라』이다. 그는 좋은 옛말을 골라 현대적 감각으로 재해석해 놓았다. 따라서 이 책은 자주 회자되는 구절에 대한 출처와 해석을 밝히고, 그에 걸맞는 사례를 들어 이해하기 쉽게 설명해 놓았다. 때마침 '소통'이 화두가 되어 책 제목도 그렇게 한 것 같다. 책에 소개된 많은 글귀 중 논어에 나오는 말인 '눌언민행(訥言敏行)', 즉 군자는 언어에는 둔해도, 실천하는 데는 민첩하다는 말을 마음에 새기고 싶다. 눌언민행을 금년 계사년의 지표로 삼는다.

인물 정보

괴테(Johann Wolfgang von Goethe)

1765~1768년 라이프치히 대학에서 법률을 전공했다. 샤를로트 부프와의 실연을 극복하기 위해 쓴 소설 『젊은 베르테르의 슬픔』(1774), 『겨울 하르츠 기행』(1777) 등을 썼다. 1779년 바이마르의 대신이 되고 1782년 내각 주석에 취임했다. 국무 중 시 「달의 부침」, 「이르메나우」, 「나그네의 밤노래」 등을 썼다. 1786~1788년 각지를 순방하고 희곡 「에그몬트」(1787), 「타소」(1789)의 완성에 힘썼다. 낭만주의적 교양 소설 『마이스터의 수업시대』(1796), 호메로스적 목가적 서사시 『헤르만과 도로테아』(1797), 1801년의 중병이 계기가 되어 음악에의 전향과 함께 소생한 『파우스트』 등을 썼다. 『파우스트』 제2부를 죽음 직전에 탈고했다.

Week 34

원 소스 멀티 유즈

'행복한 가정은 모두 비슷한 점이 있지만, 불행한 가정은 제각각 다른 모습으로 불행하다.' 톨스토이의 『안나 카레니나』의 첫 문장이다. 이 소설은 주인공인 한 여성의 비극적인 삶을 그리고 있지만 실은 그녀를 사랑하는, 시골 농장을 운영하는 조연 남성의 삶이 톨스토이가 원하는 인생이었다고 한다. 이 작품을 원작으로 한 영화가 극장가에서 흥행을 일으키고 있다.

레 미제라블
(민음사, 2012)

요즈음 극장가에서는 고전 소설의 대작들이 속속 영화화되어 흥행에 성공하고 있다. 가장 대표적인 것은 빅토르 위고의 『레 미제라블』이다. 나는 이 책을 중학교 때 소년소녀 문학전집에서 '장발장'이라는 제목으로 처음 접했다. 이 작품은 여러 번 영화로 제작되어 큰 반향을 일으켰고, 최근 뮤지컬로 재구성되어 아카데미상의 여우조연상도 수상했다. 또한 이 작품을 패러디한 여러 소품, 〈레 밀리터리블〉 등이 인터넷을 뜨겁게 달구고 있다.

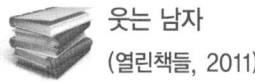
웃는 남자
(열린책들, 2011)

위고의 또 다른 명작 『웃는 남자』 역시 영화화되어 흥행을 예고하고 있다. 위고 스스로 이보다 더 잘 쓴 소설은 없다고 말하고 있는 작품으로, 조커(joker)라는 새로운 캐릭터를 유행시켰다.

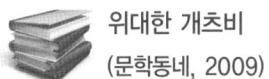
위대한 개츠비
(문학동네, 2009)

뿐만 아니라 미국의 스콧 피츠제럴드의 『위대한 개츠비』도 미남 배우 레오나르도 디카프리오를 주연으로 한 영화를 통해 흥행 돌풍을 이어가고 있다.

하나의 콘텐츠를 다양하게 활용하는 원 소스 멀티 유즈(OSMU, one source multi use)의 방식도 계속 진화하고 있다. 기존에는 만화나 소설에서 영화로, 다시 캐릭터로 매체를 바꾸는 방식을 통해 재활용을 했다. 그리고 이제는 영화에서 다시 책으로도 변신해 두 산업이 크로스 마케팅(cross-marketing)을 벌여 상부상조하고 있다.

한편으로는 같은 매체 속에서 스토리를 바꾸는 방식으로도 진화하고 있다. 이런 방식으로 어린이 동화들이 재구성되어 새롭게 성인 영화로 만들어지고 있다. 예를 들어, 우리에게 「오버 더 레인보우(over the rainbow)」라는 팝송으로 잘 알려진 프랑크 비움의 『오즈의 마법사』는 마법사가 되기 전의 오즈에 대한 스토리를 다룬 판타지 영화 〈오즈 더 그레이트 앤 파워풀(OZ The great and powerful)〉로 재탄생했다. 또한 『잭과 콩나무』는 〈잭 더 자이언트 킬러(Jack the giant killer)〉라는 3D 영화로 제작되었다.

백설공주
(예림아이, 2012)
| 헨젤과 그레텔
(비룡소, 2009)

그림 형제의 『백설공주』는 〈스노우 화이트(snow white)〉라는 영화로 변신해 줄리아 로버츠를 미녀 마녀로 등장시켜 기존의 고정관념을 깼다. 또한 『헨젤과 그레텔』은 남성 마초 배우인 제럴드를 마녀 사냥꾼으로 재구성해 성인용 블록버스터로 둔갑했다.

어리석은 사람은 과거의 '경험'에서 배우고, 현명한 사람은 '역사'에서 배운다고 했다. 없는 것을 새롭게 만들어내는 것이 창조이지만 있는 자산을 재활용하는 것 역시 창조이다. 우리도 우리의 문화 자산을 발굴하고 새롭게 비틀어서 세계적인 작품을 만들어내야 한다. 창조하는 기술은 과학에서 나오지만 기상천외한 아이디어와 상상력은 인문학에서 나온다. 아이디어를 재구성해 새로움을 만들어 내는 것이 바로 창의력이다. 창의력이 우리의 살 길이며, 우리의 미래다. 그래서 '미래'를 '창조' 하는 '과학' 부서가 신설된 것인가?

인물 정보

빅토르 위고(Victor-Marie Hugo)

1802년 2월 26일 프랑스 브장송에서 출생했다. 아버지는 나폴레옹 휘하의 장군이었고, 어머니는 왕당파 집안의 출신이었다.

시 「가을의 나뭇잎 Les Feuilles d'automne」(1831), 「황혼의 노래 Les Chants du crépuscule」(1835), 「마음의 소리 Les Voix intérieures」(1837), 「빛과 그림자Les Rayonsetlesombres」(1840)와 희곡 〈마리옹 드 로름 Marion de Lorme〉(1831), 〈왕은 즐긴다 Le Roi s'amuse〉(1832), 〈뤼 블라 Ruy Blas〉(1838), 〈뷔르그라브 Les Burgraves〉(1843) 등을 발표하였다.

특히 소설에는 불후의 걸작으로 꼽히고 있는 『노트르담 드 파리NotreDame de Paris』(1831)가 있다. 나폴레옹 3세를 비난하는 『징벌시집(懲罰詩集) Les Châtiments』(1853), 딸의 추억과 철학사상을 노래한 『정관시집(靜觀詩集) Les Contemplations』(1856), 인류의 진보를 노래한 서사 『여러 세기의 전설 La Légende des siècles』(1859), 장편소설 『레 미제라블 Les Misérables』(1862), 『바다의 노동자 Les Travailleurs de la mer』(1866), 『웃는 사나이 L'Homme qui rit』(1869) 등을 발표하였다.

교양과 지식,
재미가 넘치는 교양 만화의 세계로

한때 만화 가게가 성행했던 때가 있었다. 만화 가게는 아이들이 오락을 즐길 수 있는 유일한 곳으로, 학교 수업이 끝나면 아이들은 집에 가방을 던져 놓고 한걸음에 그곳으로 달려갔었다. 산호의『라이파이』나 김종래의『엄마 찾아 삼천리』같은 만화를 보고 자란 세대는 지금은 대부분 은퇴한 세대들이다. 우후죽순처럼 많았던 만화 가게는 텔레비전의 등장으로 기세를 잃고 사라져버렸다. 이제는 일본 만화, 성인 만화 가게로 겨우 명맥을 유지해 나가고 있다.

 미스터 초밥왕 전 14권 | 신의 물방울
(학산문화사, 2005) | (학산문화사, 2005)

우리는 만화라고 하면 어린이들만 보는 것이라는 선입견을 가지고 있다. 그리고 대부분의 만화들이 허무맹랑한 이야기라서 비교육적이라고 생각한다. 그런데 최근에는 어린이 만화보다 성인 만화가 대세다. 성인 만화의 원조는 일본이다. 그래서 국내 만화 시장 역시 일본 만화를 번역한 것이 대부분이다. 『미스터 초밥왕』과 같은 요리 관련 만화가 있고, 『신의 물방울』 같은 와인에 대한 전문 만화는 2005년부터 나와 현재 37권째 계속해서 출판되고 있다.

수호지 전 20권
(자음과 모음, 2008)

그대를 사랑합니다 전 3권
(문학세계사, 2009)

국내의 신문 만화로는 일간스포츠에 연재했던 고우영 작가의 『수호지』가 유명했고, 요즈음 신세대 인터넷 만화 작가로는 강풀이 인기다. 강풀의 순정 만화 『그대를 사랑합니다』는 영화로도 흥행에 성공했고, 연극으로도 롱런하고 있다.

식객 전 27권
(김영사, 2010)

우리나라 성인 만화로는 뭐니 뭐니 해도 허영만의 『식객』이 최고이다. 『식객』은 2003년부터 출간되기 시작해 현재 총 27권에 이르는 대작 만화이다. 드라마와 영화 제작은 물론 일본어판과 영어판까지 나왔다. 최근에 일본 『미스터 초밥왕』 작가와 우리 『식객』 작가의 만남도 이루어져 한·일 만화가의 음식 사랑을 교류하기도 했다.

만화가 책에서 영화로 진화하고 있다. 우리나라 만화 영화의 대표작은 〈로봇태권V〉이다. 최근에 컬러판으로 복원, 상영되기도 했다. 하지만 만화 영화 하면 단연 일본이다. 재패니메이션(Japanimation)이라는 신조어를 탄생시킬 정도로 그 기세는 가히 세계적이다. 우리나라 극장가를 일본 만화 영화가 꾸준히 강타히고 있다. 탄탄한 스토리와 독특한 제작 기술이 관객들을 사로잡고 있기 때문이다.

일본이 애니매이션으로 영화계를 주름잡는 반면 미국은 만화 콘텐츠(contents)로 영화를 만들어 큰 인기를 끌고 있다. 가장 대표적이고 흥행에도 성공한 것이 바로 미국 만화책 출판사 마블(Marvel)의 작품들이다. 마블사의 작품 대부분이 영화화되어 흥행에 성공했다.『수퍼맨』, 『헐크』, 『스파이더맨』, 『어벤저』, 『아이언맨』 등은 현재도 꾸준히 영화화되고, 기록적인 흥행을 지속하고 있다.

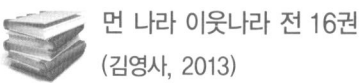
먼 나라 이웃나라 전 16권
(김영사, 2013)

우리는 만화하면 심심풀이로만 생각한다. 감히 서가에 올려놓지 못할 책이라고 천시하기도 한다. 하지만 우리 집 서가에 자리를 떡 잡고 있는 만화책이 여러 권 있다. 그중 가장 눈에 띄는 곳에 있는 것이 바로 『먼 나라 이웃나라』이다. 처음 출간되었을 때 사서 본 책 1~6권을 아직도 가지고 있다. 우리 집은 이사를 많이 했는데, 아들은 그때마다 손수 이 책을 챙기곤 했다.

이처럼 우리나라에도 좋은 만화 콘텐츠가 많이 있다. 이원복 교수의 『먼 나라 이웃나라』는 현재 16권 스페인 편으로 출간을 마감했다. 유럽을 필두로 미국, 중국, 일본, 우리나라, 중동 등 전 세계의 문화와 역사를 만화로 구현하고 있다. 만화라기보다는 문화·역사서라고 볼 수 있다.

현재 덕성여대 교수인 이원복 교수는 독일 유학 때부터 만화를 그리기 시작했는데, 『먼 나라 이웃나라』 시리즈 외에도 『가로세로 세계사 1, 2, 3』(김영사, 2007), 『신의 나라 인간의 나라』(두산동아, 2002), 『와인의 세계, 세계의 와인』(김영사, 2007), 『사랑의 학교』(사랑의 학교, 1995) 등을 펴낸 교양 만화의 대가이다. 이외에도 저자는 서울대 송병락 교수와 함께 자본주의 홍보성 만화를 많이 그렸다. 그런 류의 작품으로는 『자본주의·공산주의』(동아출판사, 1990), 『만화로 보는 한국 한국인 한국경제』(동아출판사, 1993), 『부자 국민 일등 경제』(김영사, 2001) 등이 있다.

『먼 나라 이웃나라』 시리즈 옆으로 윤승윤의 『겨레의 인걸 100인 1, 2』(송우출판사, 1991)가 있고, 『만화 중국의 서예사 상, 하』(소와당, 2009)가 내 서가 한쪽에 자리를 잡고 있다.

그동안 천대 받았던 만화가 요즈음에는 영화, 연극, 광고 등에 활용되는 OSMU(One Source Multi Use)로 새롭게 각광을 받고 있다. 만화는 책에서 영화로, 이제는 스마트 시대에 걸맞는 웹툰(webtoon)으로 또 한 번 진화하고 있다.

인물 정보

이원복

서울대학교 공과대학 건축과에서 수학했다. 독일 뮌스터대학교에서 디자인을 전공했으며, 동 대학교에서 서양미술사를 수학했다. 한국만화애니메이션 학회장을 역임했으며 현재 동덕여자대학교 석좌교수로 재임하고 있다. 대표작으로는 『먼 나라 이웃나라』 총 16권, 『세계사 산책』, 『와인의 세계, 세계의 와인』, 『신의 나라, 인간의 나라』 등이 있다. 어른들도 즐기는 교양 만화 장르를 개척한 사람이다.

Week 36

서로 다름을 이해하는 문화 간 커뮤니케이션

 우리가 몰랐던 세계 문화
(인물과 사상, 2013)

좋은 책을 만나면 해당 주제에 대해 내 생각을 남기고 싶다는 마음이 습관처럼 솟아난다. 이번 주는 조금 색다르고 참신한 책에 대해 이야기해 보겠다. 강준만 전북대 교수와 15명의 제자가 만든 책, 『우리가 몰랐던 세계 문화』이다.

전북대학교 사회과학대학 언론심리학부 교수인 대표 저자는 문제작 『김대중 죽이기』(개마고원, 1995)를 집필한 사람이다. 한국 현대정치사에서 가장 뜨거운 감자였던 김대중을 정면으로 분석하고 나서면서 사회에 뜨거운 반향을 일으켰다. 문화 소외지인 지방에서 후학을 가르치고 《인물과 사상》이라는 잡지를 통해 지방 언론을 주도하고 있다.

문화인류학자 에드워드 홀은 '문화는 드러내는 것보다 감추는 것이 더 많으며, 더구나 묘한 것은 그 문화에 속한 사람들이 감춰진 바를 가장 모른다는 점이다' 라고 문화에 대해 말하고 있다. 그의 말처럼, 이 책에서 다룬 '세계를 이해하는 24가지 물음'의 문화 주제를 읽어보고 정말 우리가 우리의 문화조차도 제대로 알고 있지 못했구나 하는 반성을 하게 된다. 그 중에서 특히 와 닿는 일부 내용을 살펴보면, 첫째로 일상생활에서 느끼는 차이점의 다양성을 들 수 있다.

'독일과 영국의 주부들은 빨랫감을 앞으로 넣는 세탁기를 원하지만, 프랑스의 주부들은 위로 넣는 것을 선호한다. 독일인과 덴마크 인이 불소 첨가 치약을 사용하는 이유는 충치로부터 치아를 보호하는 데 있는 반면, 이탈리아인과 프랑스인들은 미용을 위해서이다. 볼보 자동차는 프랑스에서는 신분과 향락의 표현으로 이미지 메이킹을 하지만, 스웨덴에서는 경제성, 안전성, 내구성의 차원에서 중요시된다. 반면 독일에서는 엔진의 성능이 판매량을 좌우한다. 독일인들은 저혈압의 경우 의사의 진료가 필요하다고 여기는 반면 영국인들은 그럴 필요가 없다고 생각한다.' 이 부분은 글로벌 기업의 마케팅 전략에 도움이 되는 대목이다.

그리고 유머에 대한 각 나라별 특징이 적나라하게 표현되어 있다. '영국인은 유머를 끝까지 다 듣고 나서 웃었고, 프랑스인은 유머를 다 듣기 전에 웃어버렸고, 독일인은 유머를 듣고 다음 날 아침에 웃었고,

중국인은 유머를 듣고도 모른 척했고, 일본인은 유머를 듣고 그대로 따라 했고, 한국인은 인터넷을 통해 마구 퍼뜨린다.'

이 밖에 패션에 대해 이렇게 말하기도 한다. '패션은 영국에서 탄생하고 프랑스에서 미화되었으며 이탈리아에서 품위가 생겼다. 그러나 패션의 유통은 단연 미국이다.'

최근 7백 만 관중 몰이를 하고 있는 우리나라의 여름 스포츠 야구에 대해 미국, 일본, 한국 세 나라의 차이점을 이렇게 표현하고 있다. '미국은 '선이 굵은 야구', '빅 볼(big ball)'이며, 일본의 야구는 '현미경 야구', '스몰 볼(small ball)'이다. 한국은 두 가지 절충형이라고 할 수 있다.' 그리고 '미국의 메이저리그는 '단장의 야구'인 반면, 일본과 한국의 야구는 '감독의 야구'라고 표현했다. 이에 더해 야구 관람 문화의 차이를 한 마디로 정리한다면, 한국은 '열정', 일본은 '규격화', 미국은 '휴식'이라고 정의하고 있다.

같은 사안에 대한 각 나라별 의미는 제각각 다르다. 차이는 차별과 다르다. 차별은 비하의 소지가 많지만 차이는 차이 그 자체이다. 차별은 차이를 가지고 상대방을 낮추는 것이지만, 차이는 서로 다름 그 자체이다. 이제 세계는 국경이 없는 한 울타리에 있는 글로벌 시대이다. 서로 다름을 이해하는 문화 간 커뮤니케이션이 절실히 필요한 시대가 온 것이다.

인물 정보

강준만

성균관대학교 경영학과를 졸업하고, 미국 조지아대학교와 위스콘신대학교 대학원에서 각각 신문방송학 석사와 박사학위를 받았다. 1989년전북대학교 사회과학대학 언론심리학부 교수가 되었다. 1995년에 출간된『김대중 죽이기』는 사회과학서적으로는 드물게 20만 부 이상 판매되며 한국 출판계에 한 획을 긋기도 했다. 또 이 책 출간은 강준만 교수가 전국적인 명성을 얻는 계기가 되었다. 그는『김영삼 이데올로기』,『전라도 죽이기』,『서울대의 나라』등을 집필하며 일반 대중들에게도 널리 알려졌다. 현재는『한국 근대사 산책』(시리즈),『한국 현대사 산책』(시리즈),『강남좌파』,『입시전쟁 잔혹사』,『룸살롱 공화국』등 한국사회와 역사 전반에 걸친 폭넓은 주제의 책들을 펴내고 있다.

Week 37

서양인은 보려 하고 동양인은 되려 한다

　이제 세계는 하나이다. 국경이라는 물리적 경계가 사라진 지 이미 오래다. 이러한 변화 속에서는 국가가 국내 산업을 보호하는 데 한계가 있다. 따라서 이제는 무한경쟁 시대가 되었다. 우리나라의 기업도 세계로 뻗어나가고 있으면서 외국 기업의 국내 유입을 통제한다는 것은 어불성설이다.

　우리나라 기업은 전 세계에 현지 법인을 만들어 글로벌 경영을 하고 있다. 예전에는 해외 법인의 모든 관리자들을 한국에서 파견했었는데, 이제는 현지 관리자나 사장들이 운영하는 곳이 많아졌다. 그 이유는 바로 현지인의 역할이 필요하기 때문이다. 현지인의 역할은 사람 관리, 즉 이를 통해 문화 충격을 최소화하는 것이다. 따라서 글로벌 시대의 현지화는 매우 중요하다. 그래서 글로컬리제이션(glocalization)라는 신조어도 탄생했다. 현지화는 단지 현지인을 관리자로 채용하는 데서 끝나는 것이 아니라 현지 문화를 이해하는 것에서 출발한다.

모든 나라마다 고유의 특성과 문화가 있다. 그리고 동양과 서양은 문화와 사고의 차이가 있다. 예를 들어, 동양과 서양은 서로 반대인 것들이 많다. 이름을 표기할 때 동양은 성을 먼저 쓰고 이름을 나중에 쓰지만, 서양에서는 이름을 먼저 쓰고 성을 나중에 쓴다. 주소 표기를 할 때도 동양은 나라, 도시, 번지, 사람 이름의 순서로 쓰지만, 서양에서는 이름, 번지, 도시 나라 순으로 쓴다.

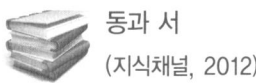

동과 서
(지식채널, 2012)

이러한 동·서양의 사고 차이를 다룬 EBS의 다큐멘터리가 책으로 출간됐다. 김명진의 『동과 서』이다. 수험생의 논술 대비 또는 서양철학의 입문서로 기획되었으나, 무엇보다도 실생활에서 서양과 교류하는 우리나라의 비즈니스맨에게는 필독서이다.

셀던이 동·서양의 차이를 한마디로 표현했다. '서양인은 보려 하고, 동양인은 되려 한다(Westerners want to see the reality, and Easterners want to be the reality).' 개체성을 중시하는 서양에서는 집합을 강조하고, 동질성을 중시하는 동양에서는 일체를 강조한다. 뿐만 아니라 동양인은 동사로 말하고, 서양인은 명사로 말한다. '차 더 마실래?'라는 표현을 서양은 'more coffee?'처럼 명사로 표현하고, 우리말은 '더 마실래?' 즉, 동사로 표현한다. 무심코 하는 말인데도 동·서양의 특성을 적나라하게 보여주고 있다.

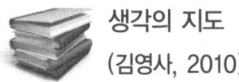
생각의 지도
(김영사, 2010)

　동·서양 사고방식의 차이점을 파헤친 또 하나의 책은 리처드 니스벳의 『생각의 지도』이다. 2004년 서울대학교 최인철 교수가 저자와 공동 연구한 내용을 직접 번역한 책이다. 2010년 중간(重刊)되어 독자들에게 소개되고 있다. 이 연구에 따르면 서로 상반되는 주장이 동시에 제시되었을 때 미국인들은 상대적으로 어느 한 쪽 주장으로 극화되지만, 중국인들은 두 주장을 모두 수용하는 타협을 선택했다고 한다. 그래서 동양인들은 세상을 '관계'로 파악하고 서양인들은 범주로 묶을 수 있는 '사물'로 파악한다는 결론을 내리고 있다. 또 동·서양 종교의 특성이 차이나는 것에 대해서는, 동양 종교는 '둘 모두/함께(both/with)'를 지향하는 반면, 서양 종교는 '옳고 그름(right/wrong)'의 구조로 되어 있기 때문이라고 지적하고 있다.

　소개한 두 권의 책은 공통적으로 '동과 서가 다르다'라는 아주 간단한 진리를 규명하고 있다. 그러나 서양 사람이라고 해서 무조건 서양식 사고만을 가지는 것은 아니다. 또한 동양 사람일지라도 서양식 사고방식을 가진 사람이 많다. 하물며 한 개인도 동양적 사고와 서양식 사고를 모두 가지고 있는 경우가 허다하다. 따라서 우리는 획일적인 이분법적 사고가 아니라, 양쪽의 성향을 모두 가진 경우가 많다는 것을 깨닫고 이를 존중해야 한다. 즉, 나와 다른 것이 모두 틀린 것이 아니라, 오히려 이 세상에는 서로 다른 것이 무수히 많다는 것을 알아야 한다. 서로의 차이를 아는 것은 누가 옳고 틀리다는 시시비비(是是非非)의 문제가 아니다. 서로가 다르다는 것을 인정하는 배려가 필요한 것이다. 다름을 인정하는 것은 상대를 이해하는 첫걸음이다.

제작팀 정보

EBS〈동과 서〉제작팀과 김명진

이정욱 PD의 제작팀은〈하나뿐인 지구〉등의 환경 프로그램을 연출했다. 2008년 ABU 다큐멘터리 부문 대상을 수상했다. 글을 쓴 김명진은 고려대학교 영문과를 졸업하고 한국예술종합대학교 대학원에서 예술석사학위를 받았다. 중국과 캐나다의 교환학생 경험을 토대로 동·서양의 문화, 언어, 철학의 차이에 주목해〈동과 서〉기획에 참여하게 되었다. 저서로는『AGON, 경쟁이 즐거운 나라』가 있다.

Week 38

발칙한 미국 문화

나의 첫 해외여행은 1981년 뉴욕에서 이루어졌다. 그 이후 30여년 만에 뉴욕을 다시 찾았다. 당시에는 대한항공을 이용했는데, 한 번에 갈 수 없어서 급유를 하기 위해 알라스카에 들렀다. 그래서 첫 미국 입국을 앵커리지 공항에서 했다. 이번에는 유나이티드에어를 이용해 일본 나리타 공항에서 환승을 해 뉴왁 공항에서 입국 심사를 했다.

편서풍 덕분에 한 시간 일찍 도착했지만 입국 수속을 마치는 데 한 시간이 넘게 걸렸다. 미국인보다 외국인 승객이 더 많은데도 자국민 창구는 15개를 열고 외국인 창구는 3개만 열었다. 그나마 까다롭게 심사하고 지문과 사진을 찍어대니 자연 늦을 수밖에 없었다. 이는 서비스의 부족이 아니라 강대국의 횡포 수준에 가까웠다. 왜 인천공항이 6년 연속 최고의 공항으로 뽑혔는지 이제야 제대로 알게 되었다.

해외에 나오면 누구나 애국자가 된다. 우물 안 개구리가 우물 밖으로 나왔다고 해서 꼭 우물을 그리워하지 말란 법은 없는 것이다. 호텔에 도착하니 새삼 우리나라가 인터넷 강국임을 실감할 수 있었다. 예전과 달리 인터넷 서비스가 유선에서 무선(Wifi)으로 바뀌어 있었지만, 접속 상태나 인터넷 속도가 우리나라와 비교할 수 없었다.

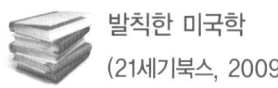
발칙한 미국학
(21세기북스, 2009)

해외에서 살다 보면 자신이 모르던 모국의 모습을 더욱 잘 알게 된다. 이런 관점에서 쓰인 책이 바로 빌 브라이슨의 『발칙한 미국학』이다. 저자는 미국인이지만 영국에서 수십 년간 생활했다. 아내도 영국인이므로 준 영국인이라고 할 수 있다. 그러다 다시 미국으로 돌아와 정착했는데, 그로 인해 새롭게 다가오는 모국문화에 대해 애교 넘치는 독설을 던진다. 따라서 이 책은 인식이 부족했던 미국 문화의 일면을 엿볼 수 있고, 우리 모두 생각하지 못했던 것들을 다른 시각으로 본 이야기이다. 이 책은 저자의 다른 책 『발칙한 유럽산책』(21세기북스, 2008)에서 그가 유럽 각국을 여행하면서 보고 느낀 방식대로 자기 조국 미국을 바라본 것이다. 이 책은 2012년 현재 16쇄를 발행할 정도로 인기가 높다.

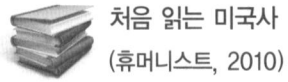
처음 읽는 미국사
(휴머니스트, 2010)

모처럼 미국 여행을 하게 되어서 미국 역사를 공부했다. 전국역사교사모임이 출간한 『처음 읽는 미국사』에서 새로운 미국을 알게 되었다. 이 모임이 만든 시리즈물 중 하나로 『처음 읽는 인도사』, 『처음 읽는 터키사』 등이 있다.

『처음 읽는 미국사』는 미국을 한마디로 '인종의 샐러드 접시', '문화의 샐러드 접시'라고 평했다. 미국은 모든 인종이 자유롭게 살아 모든 문화가 공존하는 용광로(melting pot)이다. 또 미국은 비록 짧은 기간이었지만 두 차례의 큰 내전, 독립전쟁과 남북전쟁을 통해 민주주의를 쟁취했다. 물론 그 과정에서 원주민인 인디언을 추방한 과거도 있다. 그리고 두 차례의 세계대전을 통해 미국은 현재 누가 뭐라고 해도 세계 최강국이 되었다.

미국 역사를 공부하니 우리의 역사에 대해 생각이 미쳤다. 최근 들어 우리나라는 일본과 독도, 중국과 이어도 등의 영토 문제로 논쟁 중이다. 이런 상황에서 우리의 역사의식 없이 우리는 영토를 지킬 수 없다. 잃어버린 역사, 발해와 탐라를 찾고 왜곡된 역사, 식민사관을 바로잡아야 한다. 언제부터인가 수학능력시험에 국사 과목의 비중이 낮아지고, 공무원 임용시험에서도 국사가 사라진 것은 참으로 개탄할 일이다. 역사는 국수주의자가 되고자 공부하는 것이 아니다. 우리의 정체성을 찾기 위함이다.

여행을 하니 우리 역사가 떠오르다니, 새삼 느끼지만 여행이란 얼마나 이상한 일인가? 여행은 집의 안락함을 기꺼이 버리고 낯선 땅으로 날아가는 일이다. 집을 떠나지 않았다면 애초에 잃지 않았을 안락함을 되찾기 위해 엄청난 시간과 돈을 쓰면서 덧없는 노력을 하는 게 여행 아닌가? 하지만 인간은 누구나 방랑벽을 타고 나는 법. 어디론가 훌쩍 떠나고 싶은 마음이 들 때가 있다. 그리고 떠나자마자 귀소본능이 발동해 집 생각이 절로 난다. '집 나가면 고생'이라는 우리 옛말도 있지만, 여행이란 어차피 집으로 향하는 길이니까. Home, home, sweet home!

인물 정보

빌 브라이슨(William McGuire Bryson)

브로드웨이의 베스트셀러인 『나를 부르는 숲』으로 잘 알려진 여행 작가. 미국 아이오와 주 디모인에서 태어나 영국으로 건너가 타임스와 인디펜던트 신문에서 여행 작가 겸 기자로 활동하다 20년 만에 미국으로 돌아가 뉴햄프셔 주 하노버 시에 정착했다. 영국 타임스로부터 '현존하는 가장 유머러스한 작가'라는 평을 듣고 있을 뿐만 아니라 세계의 여러 언론으로부터 호평을 받고 있다.

『나를 부르는 숲』은 뉴욕타임스 3년 연속 베스트셀러에 올랐던 책으로, 빌 브라이슨이 미국 애팔래치아트레일(Appalachian National Scenic Trail)에 도전한 종주 기록을 담은 책이다. 이외에도 방대한 양의 과학 정보를 재미있게 풀어낸 과학 교양서 『거의 모든 것의 역사』, 오랜 지인이 편집장으로 있는 주간지 《Night & Day》에 연재했던 글들을 모은 『고독한 이방인(I'm a Stranger Here Myself)』을 비롯해 『햇볕에 타버린 나라에서(In a Sunburned Country)』, 『브라이슨의 성가신 단어 사전(Bryson's Dictionary of Troublesome Words)』, 『모국어(Mother Tongue)』, 『잃어버린 대륙(The Lost Continent)』, 『작은 섬에서 부친 편지(Notes from a Small Island)』, 『여기도 아니고, 저기도 아니고(Neither Here Nor There)』, 『빌 브라이슨의 아프리카 일기(Bill Bryson's African Diary)』, 『빌 브라이슨의 발칙한 미국학』, 『빌 브라이슨의 발칙한 영국산책』 등이 있다.

Week 39

똑똑한 사람들조차 알고도 저지르는 생각의 오류

'루틴(routine)'이라는 말이 있다. 일정한 행동과 반복적으로 하는 습관을 뜻한다. 우리는 매일매일 그저 습관적으로 살아가고 있다. 다시 말해 루틴한 일상을 살고 있는 것이다. 이런 루틴한 생활에는 우리가 의식적으로든 무의식적으로든 스스로 믿고 따르는 법칙들이 매우 많이 있다. 그러한 법칙에 이끌려 알게 모르게 잘못 알려지거나 혹은 그저 무심히 휩쓸려 행하는 일들이 허다하다.

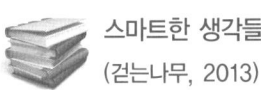
스마트한 생각들
(걷는나무, 2013)

롤프 도벨리의 『스마트한 생각들』은 우리 주변에서 일어나는 수많은 현상과 법칙에 대해 예리하게 분석·설명하고 있다. 이러한 편향적인 법칙들이 생기는 것은 알고 보면 그것들이 연약하고 비논리적인 인간 내면의 안전핀으로 역할하기 때문이다.

이 책은 평범한 사람들뿐만 아니라 똑똑한 사람들조차 알고도 저지르는 생각의 오류를 모아 놓은 책이다. 그리고 번번이 후회하면서도 어리석은 결정을 내리는 우리를 위해 효율적인 방법을 제시하고 있다. 우리 주변에서 자주 발생하는 오류들 중 몇 가지를 소개하면 다음과 같다.

우선 '매몰 비용의 오류(sunk cost fallacy)'는 이미 지불한 비용이 아까워서 다른 합리적인 선택에 제약을 받는 것을 가리킨다. 대표적인 사례가 프랑스의 콩코드기 개발과 미국의 베트남 전쟁이다. 프랑스의 콩코드 여객기는 지나친 개발 비용과 시간이 들었다. 도중에 개발을 중지하라는 의견이 많았지만 들인 비용이 아까워 멈추지 않았다. 그러나 지나친 개발비 지출로 운임료를 높게 책정할 수밖에 없었고, 여객기는 결국 대중화되지 않아 지금은 박물관에 있다. 미국이 베트남전쟁을 오래 끈 이유도 전쟁에서 많은 병사들이 희생되었으며 전쟁을 중단하면 병사들의 목숨을 헛되게 할 뿐 아니라 참전을 결정한 일 자체를 잘못으로 만들어버릴 수 있다는 것이었다.

'사회적 태만(social loafing)'은 개개인의 능력이 직접적으로 드러나지 않고 집단 속에 용해되는 것을 말한다. 사람은 혼자 밧줄을 끌 때 자기 힘의 93%를 사용하고, 셋이 끌 때는 힘의 83%를 사용한다. 그런데 여덟이 끌 때는 49%밖에 쓰지 않는다고 한다. 사회적 태만은 집단 속에 있을 때 자신의 능력을 후퇴시킬뿐더러 책임도 후퇴시킨다.

개인은 집단이 내린 결정 뒤로 숨는다. '책임감의 분산(Diffusion of responsibility)'으로 인해 집단은 개인보다 더 큰 위험 부담을 지는 경향이 있는데 이를 '모험 이행(Risk shift)'이라 한다. 이솝 우화에서 여우의 '신 포도 논리'처럼 자기 합리화하는 경향을 '인지적 부조화(Cognitive dissonance)' 또는 '부조화의 해지'라고 한다. 이는 사람들이 자신의 특정한 태도와 그 결과로 나타난 행동이 모순될 때 태도와 행동 중 하나를 배제함으로써 스스로 그 모순의 첨예함을 둔화시키는 것이다.

이 밖에도 우리는 신빙성 있는 증거나 경험 많은 사람의 의견보다 전문가로 불리는 사람들의 주장 앞에서 주관을 잃고 부주의해지는 경향이 있다. 심지어 이치에 맞지 않고 도덕적으로도 아무런 의미가 없다 해도 전문가의 말에 귀를 기울인다. 이것을 '권위자 편향(Authority bias)'이라고 한다.

직관적인 생각은 빠르고 자발적이며 에너지 절약적이다. 합리적인 생각은 서서히 이루어지고 소모적이며 많은 칼로리를 소비한다. 어느 하나가 옳고 그르다고 할 수 없다. 두 가지 모두 필요한 사고방식이다. 수많은 생각의 오류를 피할 수는 없지만, 우리 주변에서 일어나는 여러 현상에 현혹되지 않고 꿋꿋이 자기가 믿는 것을 행하면 된다. 결론은 어느 방식이든 간에 자기가 믿는 것을 행하고, 그에 대한 책임을 지면 후회가 적다는 것이다.

인물 정보

롤프 도벨리(Rolf Dobelli)

스위스 생갈대학교 대학원에서 경영학 박사를 받은 유럽의 주목받는 지식 경영인. 스위스 항공의 여러 계열사 CEO를 역임하고, 유럽 출신 지식인 단체 취리히마인즈를 설립해 강연과 토론을 공유하고 있다. 독일 블룸버그텔레비전에서 경제와 책을 주제로 한 〈도벨리 쇼〉를 진행하고 있으며 유럽 유수지에 기고를 하고 있다.

http://www.dobelli.com

Part 4
Winter
일반 상식 뒤집어 보기

Week 40

인문의 숲에서 경영을 묻다

어제와 오늘이 다르다는 것은 개인이든 기업이든 누구에게나 공통된 사실이다. 모든 것은 매순간 변한다. 변화는 필연적이다. 변화는 수많은 정보들을 신속하고 정확하게 읽어내는 통찰력과 없는 것을 만들어내는 창조력을 필요로 한다.

유독 변화에 민감하게 대응해야만 하는 비즈니스 세계는 요즘 그 해답을 인문학에서 찾으려고 한다. 역사는 반복되는 것이고, 따라서 고전이 대세이다. 학교에서는 인문학이 차가운 대접을 받지만, 사회에서는 뜨거운 대접을 받는다. 학교에서는 인문학 강좌가 폐강되기 일쑤지만, 사회에서 인문학 강연은 줄을 잇고 있다.

현대는 문(文)·사(史)·철(哲)로 대변되는 인문의 시대가 아닌, 경제 우선의 산업시대이다. 예전에는 사농공상(士農工商)의 순서로 가장 천시 받던 장사꾼의 우두머리가 바로 사장, 다시 말해 경영자이다. 경영의 수장을 CEO(Chief executive officer)라고 부른다. 예전에는 경·상계 출신, 즉 영업 또는 재무에 관해 지식이 많은 사람이 사장으로 임명되었다. 산업화 시대를 거쳐 정보화 사회가 되는 과정에서는 이공계 사장이 대다수를 차지하게 되었다. 그런데 이제 경제 원리로만 경영을 했던 회사가 점차 사회적 책무를 중요시하게 되었고, 자연스레 그 해답을 인문에서 찾게 된 것이다.

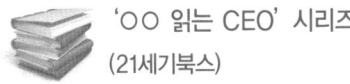
'○○ 읽는 CEO' 시리즈
(21세기북스)

그래서 최근 서점에는 'CEO 시리즈'가 범람하고 있다. 대표적인 것이 21세기북스에서 나온 '○○ 읽는 CEO' 시리즈이다. 인문·예술 편으로는 『수학 읽는 CEO』(박병하, 2009), 『옛 시를 읽는 CEO』(고두현, 2008), 『시를 읽는 CEO』(고두현, 2008), 『사진 읽는 CEO』(최건수, 2009), 『그림 읽는 CEO』(이명옥, 2009), 『도시 읽는 CEO』(김진애, 2009), 『와인 읽는 CEO』(안준범, 2010), 『바둑 읽는 CEO』(정수현, 2010), 『디자인 읽는 CEO』(최경원, 2010) 등 여러 분야에 걸친 책들이 출간되었다. 인물 편으로는 『당태종 읽는 CEO』(차오시, 2009), 『유방 읽는 CEO』(워웨이펑, 2009), 『오다 노부나가 읽는 CEO』(아키야마 슌, 2009), 『모차르트 읽는 CEO』(이재규, 2009) 등이 있다.

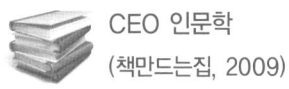
CEO 인문학
(책만드는집, 2009)

색다른 접근도 있다. 고승철의 『CEO 인문학』은 서울대학교 인문대학의 최고지도자 입문과정 AFP(Ad Fontes Program) 강의를 위해 제작된 책이다.

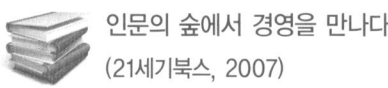
인문의 숲에서 경영을 만나다
(21세기북스, 2007)

CEO를 위한 인문학 책의 백미로는 정진홍의 『인문의 숲에서 경영을 만나다』가 있다. 무릇 모든 시리즈는 첫 편이 압권이다. 이 책 시리즈도 마찬가지다. 대부분의 시리즈는 회를 거듭하면서 식상해지기 마련이고 전작을 넘어서는 후작을 찾기 어렵다. 영화 시리즈로 계속 성공을 거두고 있는 것은 아마도 〈007〉 시리즈밖에 없을 것이다. 〈007〉 시리즈는 우리나라에 제일 먼저 소개된 〈007 위기일발(From Russia with Love)〉이 선풍적인 인기를 끌었다. 이 책 역시 경영의 요체들이 대부분 인문학에서 잘 나타나고 있다는 점을 알려준 지침서로서 경영자들에게 깊은 감명을 주었다. 역사는 반복되는 것이고 기본적인 진리는 정치뿐만 아니라 경제·경영에도 마찬가지로 적용되고 있는 것이다.

이 책은 제1장 '역사—흥륭'을 시작으로 '창의성', '디지털', '스토리', '욕망', '유혹', '매너', '전쟁', '모험' 그리고 10장 '역사—쇠망으로 끝을 맺는다. 현재 3권까지 나왔는데 『인문의 숲에서 경영을 만나다 3』(21세기북스, 2010)은 1장 '만남'에서 11장 '유언'까지 11개 장으로 '소소한 일상이 곧 인문의 저수지이다'는 취지를 설명한다. 경영자는 경영자이기 이전에 한 사람의 인간이 되어야 하고, 경영은 오직 비즈니스 세계에서만 통용되는 진리가 아니라 인간사 즉 역사 속에 동일하게 흐르고 있다. 과학적으로, 또는 경제적 논리로만 해결되는 인간사는 거의 없다. 그리고 모든 문제는 그 속에 해답이 있다는 것도 자명한 사실이다.

역사는 끊임없이 반복되고 문제와 해결이 뒤섞여 돌아간다. 비즈니스 또한 마찬가지이다. 온고지신(溫故知新), 즉 옛것을 배워 새 것을 아는 것이 바로 경영인 것이다.

예전에는 서점에 들러 신간들을 살필 때 주로 경영서 또는 마케팅 서적 코너에 머무는 시간이 많았는데 요즈음은 인문학 특히 역사에 관한 책이 눈에 띈다. 이제야 철이 드는지 인문학에 대한 관심이 점점 높아져만 간다.

인물 정보

정진홍

직(職)이 아닌 업(業)에 목숨을 건 사람, 교수나 논설위원이라는 직보다 콘텐츠 크리에이터(contents creator)라는 업을 중시하는 사람이다. KBS 텔레비전 〈100인 토론〉, SBS 라디오 〈정진홍의 SBS 전망대〉 등 시사프로그램의 사회자로 활약했다. 성균관대학교 대학원에서 커뮤니케이션 석·박사학위를 받았고 현재 중앙일보 논설위원으로 활동하고 있다. 주요 저서로는 『인문의 숲에서 경영을 만나다1, 2, 3』, 『완벽에의 충동』, 『아톰@비트』 등 다수가 있다.

Week 41

독서-매서-차서-방서-초서-장서-저서
(독서의 단계)

책은 사람이 만들지만 책은 사람을 만든다. 이는 독서를 통해 인격이 완성된다는 뜻이다.

책을 읽는 '독서(讀書)'는 기본이다. 읽고 싶은 책은 돈을 모아 사서 읽는다. 이것이 '매서(買書)'이다. 돈이 부족해서 살 수 없으면 빌려서라도 읽는데, 이를 '차서(借書)'라 한다. 누군가 자신이 읽고 싶은 책을 갖고 있는데 살 수도 빌릴 수도 없으면 그 사람을 찾아가 기어이 보고 온다. 이를 '방서(謗書)'라 한다. 원하는 책을 간직하는 '장서(藏書)'도 책을 좋아하는 사람에게 공통적으로 나타나는 특징이다. 이에 따라 폭넓고 깊은 독서 편력을 바탕으로 책을 저술하는 '저서(著書)'의 단계로 가는 경우도 적지 않다. 여기에다 방서하여 베껴오는 '초서(抄書)'를 포함하면 '칠서(七書)'가 된다. 즉, 책읽기는 독서―매서―차서―방서—초서—장서—저서로 이어진다.

그렇다면 어떤 책을 읽어야 하는가? 대만 작가 은지는 좋은 책과 나쁜 책을 이렇게 구분했다. '읽고 나면 우리의 심령이 충만해지는 것을 느끼게 하는 책은 좋은 책. 읽고 나면 행동을 타락시키는 책은 나쁜 책. 동정심과 사랑의 마음이 솟아나게 하는 책은 좋은 책. 잔인하고 독하게 만드는 책은 나쁜 책. 심령을 고귀하게 만드는 책은 좋은 책. 생각을 외설스럽고 복잡하게 만드는 책은 나쁜 책. 읽고 나면 시비를 가리게 하고 좋고 나쁨을 분간케 하는 책은 좋은 책. 가치관에 혼란을 주는 책, 그렇다고 여기면서도 멈추지 못하게 하는 책은 나쁜 책.'

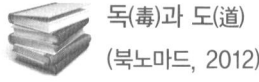

독(毒)과 도(道)
(북노마드, 2012)

이번 주는 최근에 읽은 따끈따끈한 책을 소개한다. 윤미화의 『독(毒)과 도(道)』이다. 저자는 '파란 여우'라는 필명으로 블로그에 서평을 쓰는 귀농인이다. 저자는 '시골에 들어온 사람은 두 부류가 있다. 농사를 짓는 사람과 짓지 않는 사람. 편의상 전자는 귀농(歸農), 후자는 귀촌(歸村)으로 부른다. 그리고 귀촌은 귀촌인데 아침에 출근해 밤에 돌아오는 반(半)귀촌도 있다'고 시골살이 하는 사람들을 분류하고, '무작정 안빈낙도를 꿈꾸며 선택한 시골살이는 혹독했다. 강요한 사람은 없지만 빈 저금통장과 불투명한 미래를 떠올릴 때 후회도 했었다. 자유와 가난을 동시에 얻은 대신 두려움과 불편함 앞에서 고민하는 날들이 많았다'고 회고하면서 계속 시골살이를 하고 있는 반귀농인이다. 주로 자연과 생명, 존엄 그리고 소외계층을 주제로 한 책들을 소개하면서 자신의 생활을 드러내기도 한다.

저자가 강조하는 메시지는 '간소한 삶은 단순한 삶이다'이다. 그래서인지 그는 특히 헨리 데이비드 소로우(Henry David Thoreau)의 『월든』과 헬런 니어링(Helen Nearing)의 『아름다운 삶 사랑 그리고 마무리』를 무척이나 좋아한다. 생계유지 외의 수입에 시간을 들이지 않고 나머지 시간을 즐긴다는 점에서 그의 삶은 니어링 부부의 생활 방식인 '작은 규모의 삶'과 닿아 있다. 주제와 관련 있는 책을 소개하면서 자기의 의견을 내는 이런 류의 책들이 최근에 많이 나와 있다.

| 책은 도끼다 | 빌린 책 산 책 버린 책 |
| (북하우스, 2011) | (마티, 2010) |

박웅현의 『책은 도끼다』는 칼럼리스트가 몇 권의 책을 선정해 특정 주제로 강의한 내용을 책으로 다시 쓴 것이다. 또 독서광인 장정일이 쓴 『빌린 책 산 책 버린 책』도 있다. 제1부 '읽기 방식이 삶의 방식이다'에서 책 12권을 다루고, 2부 '우리는 과거로부터 얼마나 멀어졌을까'에서 책 35권을, 3부 '나는 타인이며 타인은 동시에 나이다'에서 책 23권을, 4부 '나쁜 책을 권해도 무방한 시대는 없다'에서 책15권을 다

뤄 총 85권의 책에 대한 작가의 단상을 표현했다.

책, 세상을 경영하다
(평단, 2009)

심상훈의 『책, 세상을 경영하다』 역시 4부로 나누어 '책에서 (경영을/CEO를/성공을/경제를) 발견하다'라는 주제로 경영에 관련된 책 102권에 대해 설명했다. 이런 책을 읽으면 짧은 시간에 여러 권의 책을 다이제스트 식으로 읽을 수 있어 아주 효율적인 독서가 된다.

그렇다면 정독과 다독 중 어느 것이 올바른 독서의 태도일까? 책을 접할 때마다 떠오르는 질문이다. 어려운 질문이지만 답은 의외로 간단하다. 정독할 책은 정독하고, 다독할 책은 다독하면 된다. 정독과 다독, 궁리와 결단의 줄타기가 바로 인생이다. 독서의 방법 역시 세대에 따라 달라지게 마련이다. 중국의 문장가 오강은 이렇게 말했다.

'어릴 때는 입으로 읽는 독서가 주를 이루고(염서, 念書), 젊은 날에는 눈으로 보는 독서가 주를 이루며(간서, 看書), 노년기에는 귀로 듣는 독서(청서, 聽書)가 주를 이룬다.'

인물 정보

박웅현

고려대학교 신문방송학과를 졸업하고, 뉴욕대학교 대학원에서 텔레커뮤니케이션 석사학위를 받았다. 제일기획을 거쳐 현재 TBWA KOREA의 ECD로 일하고 있다. 대표적인 카피로는 '넥타이와 청바지는 평등하다', '나이는 숫자에 불과하다', '생각이 에너지다', '진심을 짓는다' 등이 있으며, 저서로는 『인문학으로 광고하다』 등이 있다.

Week 42

저서(著書), 자신의 글을 출판하려면

최근 인터넷 조사에서 지하철에서 사람들에게 배우자 이상형을 묻는 질문을 했더니 남녀 공히 '독서하는 남자, 여자'가 1위를 차지했다고 한다. 이렇듯 책을 읽는 모습은 언제 어디서나 항상 아름답다. 하지만 지난해 통계청 조사에 따르면, 10세 이상 대한민국 국민 가운데 만화책을 포함해 하루 10분 이상 책을 읽는 사람은 열 명에 한 명 꼴이었다. 지독하게 책을 읽지 않는다는 얘기다.

문화체육관광부가 시행한 〈2012독서나눔캠페인〉에서, '2012'는 2012년을 뜻하기도 하지만 또 다른 의미가 있다. 그것은 '하루 20분씩 책을 읽으면 1년에 12권을 읽을 수 있다'는 뜻이다.

'사람이 책을 만들지만 책은 사람을 만든다'라는 말은 독서를 통해 인격이 완성된다는 뜻이다. 사람은 책을 통해 인생의 모든 것을 배우고 그것을 활용해 행복한 삶을 누린다. 그리고 배움에는 끝이 없다. 정규 교육이 끝난 뒤에도 평생토록 배우며 산다. 그 중심에 독서가 있다. 우리는 살아가면서 여러 고난을 맞닥뜨리며 그러한 경험을 통해 무언가를 배운다. 하지만 모든 것을 다 경험하는 것은 불가능하다. 그래서 타인의 경험을 배운다. 그 경험을 전수 받는 방법에는 여러 가지가 있지만, 시공을 초월한 방법이 바로 책을 통해 배우는 것이다.

신체의 건강이 똥 색깔로 판명되듯이 책 읽기의 건강은 '책 싸기'로 알 수 있다. '싸기'는 곧 생각하기, 말하기, 쓰기 등으로 구현된다. 그리고 책을 읽다 보면 불현듯 자신도 책을 쓰고 싶다는 욕구가 생기기도 한다.

사람들은 모두 책을 쓸 소재를 가지고 있다. 그리고 자기표현은 본능이다. 표현된 것만이 생각이다. 그리고 표현은 말과 글, 그리고 마음으로 한다. 그러니 말과 글, 마음으로 표현한 것이 생각이고, 그 생각이 책이 되고 때로는 예술이 되기도 한다. 톨스토이는 '누구나 자기의 인생은 한 권의 책이다'라고 했다. 사람의 한 평생이 70쪽 짜리 책이라면, 앞의 40쪽은 본문이고, 뒤의 30쪽은 주석이라고 한다. 삶을 쓰는 데 40년, 삶을 추억하는 데 30년이 걸린다는 이야기이다. '삶이란 주어진 소설이 아니라 우리가 만든 소설이어야 한다'라고 노발리스는 강조하고 있다.

모든 글쓰기가 힘든 것은 아니다. 감정이 개입되지 않은 건조한 논문이나 이성적인 사고가 필요한 전문 칼럼은 오히려 쓰기가 편하다. 살아가면서 경험한 사실을 바탕으로 지극히 개인적인 속내를 밝히는 산문은 글 쓰는 이의 삶의 모습이 투명하게 드러날 수밖에 없다. 아무리 치장하고 꾸민다고 해도 어쩔 수 없이 속살을 보여줄 수밖에 없다.

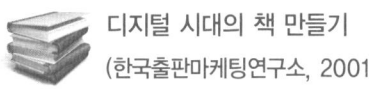

디지털 시대의 책 만들기
(한국출판마케팅연구소, 2001)

서점에 가면 글쓰기에 관한 책들이 봇물 터지듯 나와 있다. 대학 입시논술 때문인지 대부분의 책들이 주로 작문법에 관련된 것들을 다룬다. 그중 한기호의 『디지털 시대의 책 만들기』를 한 번쯤 살펴볼 필요가 있다. 그의 저서로는 『출판마케팅 입문』(자작나무, 1997), 『디지털과 종이책의 행복한 만남』(창해, 2000) 등이 있다. 그는 글 쓰는 요령, 즉 작문법에 대해 이야기하지 않고, 출판시장 분석과 함께 책이 잘 팔리는 이유를 파악하고, 디지털 시대에 살아남는 책 만들기에 대해 이야기한다.

자신의 글을 출판하기에 앞서 정확한 목표가 필요하다. 상업성이 목표인가 아닌가. 자서전이 아니라면 자기의 자랑이 아닌, 독자에게 감흥을 주는 이야기의 진정성이 가장 중요하다. 글쓰기를 제외한 나머지—기획, 편집, 인쇄, 배급 등은 모두 다른 사람의 도움을 받을 수 있다. 즉, 아웃소싱(outsourcing)이 가능하다. 출판업처럼 아웃소싱이 잘 되어 있는 업종도 드물다. 그리고 해당 분야의 전문가들도 수두룩하다.

하지만 스토리(내용)만은 오직 나, 자신만이 완성할 수 있는 것이다.

헤밍웨이의 '빙산이론(iceberg theory)'이라는 것이 있다. 작가는 물 위로 보이는 빙산처럼 전체 경험에서 확실하게 드러나는 지극히 작은 일부만 작품화해야 한다는 것이다. 물속에 잠긴 90%의 빙산은 아낌없이 밑거름으로 남겨 두라는 뜻이다. 거꾸로 해석하면 충분한 밑거름이 있어야 좋은 작품이 나온다는 뜻도 된다.

독만권서 행만리로(讀萬卷書 行萬里路). 명나라 때의 서예가 동기창(董其昌)은 '글씨와 그림에서 향기가 나려면 만 권의 책을 읽고 만 리 여행을 해야 한다'고 했다. 자신의 일생 동안 한 권의 책을 쓰고 싶은 사람들은 먼저 독서를 많이 하고, 일기나 서평 등을 통해 습작을 많이 해야 한다. 로마는 하루아침에 이루어진 것이 아니다. 지금 바로 서점에 가서 책을 사서 읽자.

인물 정보

한기호

한국출판마케팅연구소 소장. 창작과비평에서 『소설 동의보감』, 『나의 문화유산 답사기』, 『서른, 잔치는 끝났다』, 『나는 빠리의 택시운전사』 등 수많은 베스트셀러를 탄생시키며 출판계 최초로 '출판마케팅' 분야를 개척했다. 1998년 삶의 방향을 바꿔 한국출판마케팅연구소를 설립해 격주간 출판전문지 《기획회의》를 창간해 올해로 14년째 발간해오고 있다. 2010년 한국 최초의 민간 도서관 잡지인 월간 《학교도서관저널》을 창간해 학생들을 대상으로 책 읽기 운동을 벌이고 있다. 지은 책으로 『출판마케팅 입문』, 『희망의 출판』, 『디지털과 종이책의 행복한 만남』, 『우리에게 온라인 서점은 과연 무엇인가』, 『e-북이 아니라 e-콘텐츠다』, 『디지털 시대의 책 만들기』, 『한국출판의 활로, 바로 이것이다』, 『디지로그 시대 책의 행방』, 『열정시대』, 『책은 진화한다』, 『위기의 책, 길을 찾다』, 『20대, 컨셉력에 목숨 걸어라』, 『베스트셀러 30년』 등과 다수의 공저가 있다.

Week 43

우리 사회 소외되고 알려지지 않은 이야기

　우리나라 대선 정국은 항상 보수(保守)와 진보(進步)의 첨예한 대결을 벌인다. 양 진영이 각자 자기 방식대로 서로 서민을 위한다며 난리들이다. 과연 누가 맞는 이야기를 하는지 유권자들은 헷갈린다. 김어준의 『닥치고 정치』(푸른숲, 2011)에서 보수와 진보를 아주 쉽게 정의한 대목이 생각난다. '보수는 자기가 챙길 것 다 챙기고 나눠주는 것이고, 진보는 벌어 놓지도 않고 나누는 것에만 열심이다.' 이렇게 서로의 시각 차이가 두드러질 때 누군가 바르게 우리의 실상을 전달해주어야 한다. '진실의 큰 적은 거짓이 아니라 신화다'라고 한 존 F. 케네디의 말이 가슴에 와 닿는다.

　이 시점에서 공영방송이 실현해야 하는 것 중 하나가 공익성이다. 상업성에 물들지 않고, 돈이 되지 않지만 반드시 알려야 할 프로그램을 만드는 일이다. 교육열이 세계 최고를 자랑하는, 그리고 미국 오바마 대통령이 극찬하는 우리나라 교육에 있어 떼어 놓을 수 없는 방송이 있다. 바로 교육방송(EBS)이다. 교육방송이 가장 중점을 두는 수익 사업은 수학능력시험에 관한 것이지만, 그 외에는 교양을 위한 프로그램이 많다. 또 성인 교육과 다큐멘터리로도 자리를 잡아가고 있다. KBS와 함께 수신료 인상 및 그 배분을 놓고 논란이 있기는 하지만, 그래도 EBS는 우리가 지켜야 할 공익방송 중 하나이다.

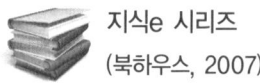
지식e 시리즈
(북하우스, 2007)

　교육방송의 교양 프로그램 중 〈지식채널e〉가 있다. 저녁 8시 대에 5분간 방송하는 프로그램으로, '느낀다. 고로 존재한다' 라는 명제 하에 가슴으로 읽는 우리 시대의 지식 프로그램이다. 이 프로그램은 자연, 과학, 사회, 인물을 집중 취재하고 있으며, 소외된 것과 잘 알려지지 않은 것의 보이지 않는 이야기, 들리지 않는 소리에 귀를 기울이고 있다. 비록 단편적인 지식 전달이지만 우리에게 시사하는 점이 많아 그 인기와 반향이 매우 크다. 그래서 일부를 추려 『지식e』라는 책으로 발간하고 있는데 2007년 1권이 나와 2013년 현재 8권까지 출간되었다. 방송된 모든 것을 책에 담을 수는 없기 때문에 매 권마다 3~40개의 아이템을 다루고 있다.

보수의 주장이나 진보의 반격, 둘 중 누가 옳은지는 알 수 없다. 심지어 일견 양쪽 모두 옳은 것처럼 보여서 일반 서민들은 혼란에 빠지기 쉽다. 우리는 공정(公正)과 공평(公平)을 혼동하는 경향이 있다. 이 두 단어에 대한 해석은 사람에 따라 차이가 있을지 모르나, 공정은 환경과 능력에 맞게 고르게 대우 받는 것을 말하고, 공평은 획일적인 평균 또는 동일화를 말하는 것이다.

우리가 원하는 세상은 공평한 세상이라기보다는 공정한 세상이라고 생각한다. 양극화로 치닫고 있는 우리 사회는 기득권을 지닌 보수의 양보와 소외된 계층에 대한 배려로 윈윈(win-win)하여 공정한 세상이 될 수 있지 않을까? 지나친 흑백논리로 어느 한 쪽이 절대선이라는 강박관념에서 벗어나야 한다. '도' 아니면 '모' 라는 극단적 선택은 좋지 않다. 비록 우리가 완벽한 유토피아를 이룰 수 없을지라도 갈등이 최소화되는 사회는 만들 수는 있을 것이다.

『지식e』는 현재진행형인 책 시리즈이다. 언젠가는 9권이 나올 것이다. 이번에는 어떤 주제로 무슨 내용을 담았는지 궁금하다. 앞으로 2~3년 후 1,000회를 돌파해서 제 10권, 그리고 그 이상이 나오기를 기대한다.

프로그램 정보

EBS 〈지식채널e〉

2005년 편성된 프로그램으로 일주일에 두 편씩 방영되며, 'e'를 키워드로 한 자연(nature), 과학(science), 사회(society), 인물(people) 등 다양한 주제를 다룬다. 2013년 4월 30일 1,000회를 넘기며 방송 다큐멘터리의 새로운 역사를 쓰고 있다. 5분 동안 전해지는 강렬한 메시지와 영상을 통해 당대의 예민한 시사 쟁점을 제시함과 동시에 생각할 여지를 준다는 점에서 많은 호응을 얻고 있다.

Week 44

역사적 오류와 생활 상식의 오류들

경제가 어려운 것은 사실인 것 같다. 예전에 '아껴 쓰고, 나눠 쓰고, 바꿔 쓰고 다시 쓰자'는 취지의 〈아나바다〉 운동이 되살아나고 있는 듯하다. 아껴 쓰고, 나눠 쓰고, 바꿔 쓰고 다시 쓰자는 취지 중 하나가 헌책방의 변신이다. 예전 청계천 헌책방은 주로 참고서를 다루었지만 간혹 고서도 발견되는 곳이기도 했다. 그곳은 도시 개발에 밀려, 그리고 풍요로움에 치여 사라진 옛 풍물로 기억되고 있다. 최근 도심 한 가운데, 그것도 강남에 헌책방이 생겼다. 그곳에 가서 읽고 난 책을 팔고 몇 권의 헌 책을 사왔다. 우연하게도 오류에 관한 책들이었다.

상식오류사전
(경당, 2001)

우리가 잘 알고 있는 오류 중에 시금치에 관한 것이 있다. 시금치는 미국의 영양소 분석 자료에서 소수점을 잘못 찍어 유명해졌다. 그래서 탄생한 것이 바로 〈뽀빠이(popeyes)〉만화 영화다. 이번에 상식의 오류를 보아 독일의 빌터 크래머 외 2명이 쓴 『상식오류시전』을 구입했다. 우리가 알고 있는 상식의 오류 중 상당 부분은 번역의 오류가 많다.

특히 성경에 관한 부분으로, 마태복음 19장 24절과 마가복음 10장 25절에 나오는 성경구절은 번역이 잘못되었다. 아랍어의 원어 'gamta(밧줄)'를 'gamla(낙타)'와 혼동하여 원문 '밧줄이 바늘귀를 통과하는 것이 부자가 천국에 들어가는 것보다 쉽다'가 '낙타가 바늘귀를 통과하는 것이 부자가 천국에 들어가는 것보다 쉽다'로 오역되었다. 미켈란젤로의 〈모세상의 뿔〉 역시 성경 번역의 오류로 인해 나온 것이다. 출애굽기 34장 35절에는 '이스라엘 자손이 모세 얼굴의 광채(keren)를 보는 고로'가 나오는데, 히브리어 'keren'은 뿔 또는 광채라는 뜻이다. 문학 작품에서도 이런 번역의 오류가 있다. 신데렐라의 '유리 구두'는 원래 '털가죽 슬리퍼(vair)'를 잘못 번역해 '유리 구두(verre)'로 둔갑한 것이다.

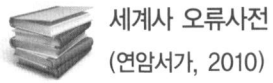
세계사 오류사전
(연암서가, 2010)

또 한 권의 책은 조병일 외 2명이 쓴 『세계사 오류사전』이다. 이 책에 소개된 대표적인 오류로, 갈릴레이에 대한 3가지 오류가 있다. 우선 갈릴레이는 망원경을 최초로 발명한 사람이 아니다. 망원경을 발명한 사람은 1608년 네덜란드 인 리페르세이다. 그리고 갈릴레이는 피사의 사탑 꼭대기에서 저울추를 던진 적이 없다. 그리고 마지막으로 갈릴레이는 '그래도 지구는 돈다'라고 말한 적이 없다.

또 우리가 알고 있는 조지 워싱턴은 미국의 최초 대통령이 아니다. 최초의 영예는 존 핸슨(John Hanson)에게 돌아가야 한다. 1781년 국가가 성립되고 만장일치로 메릴랜드의 존 핸슨이 초대 대통령으로 선출되었다. 1789년 미국의 헌법이 비준되면서 조지 워싱턴이 대통령으로 선출되었다.

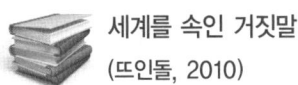
세계를 속인 거짓말
(뜨인돌, 2010)

이 밖에도 이종호의 『세계를 속인 거짓말』에서는 몇 다음과 같은 오류를 지적했다. 그 유명한 적벽대전은 적벽(赤壁)이 아닌 오림(烏林)에서 일어난 전쟁으로 '오림대전'으로 불려야 한다고 했고, 항상 논란을 불러일으키는 아틀란티스는 존재하지 않았다고 한다. 뿐만 아니라 위대한 탐험가이자 『동방견문록』의 저자인 마르코 폴로는 중국을 방문한 적도, 황제를 알현한 적도 없다고 한다. 남의 이야기를 자기가 탐험한 것처럼 꾸몄다는 것이다.

이렇듯 우리는 수많은 오류 속에 살고 있다. 역사적 오류는 우리 생활과 직접적인 관련은 없지만 사실은 정확히 알 필요가 있고, 생활 상식의 오류는 우리 생활에 밀접한 영향을 준다.

> **인물 정보**
>
> 조병일, 이종완, 남수진
>
> 조병일은 서울대학교 및 동 대학원 중어중문학과를 졸업했다. 『모택동 전기』를 공동 저술했고, 현재 『명·청 제국 흥망사』를 집필하고 있다.
> 이종완은 고려대학교 노어노문학과를 졸업하고 주간신문사 취재기자로 일하고 있다. 저서로 『세계사 지식인 사전』이 있다.
> 남수진은 한양대학교 독어독문학과를 졸업하고 출판사 역사물 기획자로 일했으며, 현재 교육관련기관 홍보실에서 일하고 있다.

Week 45

많이 먹으면 혀가 즐겁고, 적게 먹으면 인생이 즐겁다

코로 숨 쉬는 공기와 입으로 먹는 음식은 인간이 생존할 수 있게 하는 필수 요소다. 그래서 '먹는 것이 그 사람이다' 라는 말이 있다. We are what we eat, 즉 우리의 몸과 생각은 우리가 먹는 것에 의해 결정된다는 의미다.

음식은 그 사람의 체질과 인생에서 중요한 역할을 하게 된다. 질병은 약이나 수술에 의해 치료되는 것이고, 건강은 먹는 것과 관리를 통해서 지켜진다. 동양 의학에서는 건강을 보호하는 방법에 3단계가 있다고 한다. 첫 번째가 식보(食補), 즉 일상적으로 잘 먹는 것, 두 번째가 육보(肉補), 즉 고기를 먹어 보강하는 방법이다. 마지막이 약보(藥補), 약을 통해 보해주는 방법이다. 동양은 '좋은 음식이 보약보다 낫다' 는 의식동원(醫食同源)의 인식이 강하다.

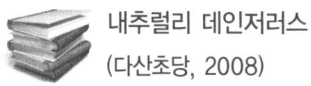
내추럴리 데인저러스
(다산초당, 2008)

현대는 각종 환경오염과 유전자 변이 등으로 먹을거리에 대한 두려움이 커지고 있다. 그래서 유기농, 즉 오가닉(organic) 열풍이 불고 있다. 조금이라도 안전한 먹을거리를 찾기 위한 노력의 일환이다. 하지만 유기농, 천연 식품이라고 해서 모두 안전한 것만은 아니다. 제임스 콜만은 『내추럴리 데인저러스』에서 천연 식품의 위험성에 대해 나름대로 자세히 조사해서 설명해 놓았다. 모든 식물들은 스스로를 보호하기 위해 외부 침입에 대한 항(抗)물질을 만들어 독성을 가지고 있다는 것이다. 자연 농법으로 키운 식물이 천연 독성이 강할 개연성이 크며, 자연이 안전과 동의어가 아닌 것은 그래서이다. 이런 점을 잘 알아 지혜롭게 먹는 것이 중요하다고 말한다.

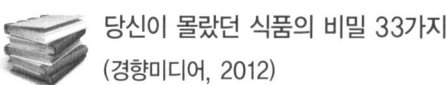
당신이 몰랐던 식품의 비밀 33가지
(경향미디어, 2012)

식품회사의 연구원으로 일하고 있는 최낙언은 『당신이 몰랐던 식품의 비밀 33가지』를 통해 우리가 즐겨 먹는 식품에 대한 오해와 진실을 파헤쳤다. 각종 매체에 난무하는 건강 상식의 홍수 속에서 우리가 잘못 알고 있는 지식의 파편들을 찾아 그 진실을 밝힌 것이다. 결국 대부분 언론에서 떠드는 식품의 위험성이란 지나치게 과장됐다는 결론이다.

좋은 식품을 먹는 것이 중요한 것이 아니라 음식을 잘 먹는 것이 중요하다고 말한다.

건강보조식품 알고 먹읍시다
(종문화사, 2003)

인간은 누구나 건강하게 오래 살고 싶은 욕망이 있다. 동양에 장생(長生)이 아니라 불로초(不老草)가 있다면, 서양에는 '젊음의 샘(Fountain of Youth, 불로천(不老泉), 청춘을 되찾게 해준다는 유럽 전설에 나오는 신비의 샘)'이 있다.

비록 질병은 없더라도 조금이라도 건강하게 살고 싶은 욕망을 채워주는 것이 바로 건강보조식품이다. 건강보조식품은 의학적으로 효능이 있다고 생각되는 특정 성분을 추출, 농축, 정제, 혼합해 가공한 식품이다. 따라서 가공하지 않은 식품은 건강보조식품이 아니다. 또, 건강보조식품은 의학적 효능이 확실하지 않으므로 '보조'라는 말을 사용한다. 정종호의 『건강보조식품 알고 먹읍시다』는 약사 출신 신문기자의 눈으로 본 건강보조식품을 심층 분석한 책이다.

나이가 두렵지 않은 웰빙건강법
(조선일보사, 2004)

권용욱의 『나이가 두렵지 않은 웰빙건강법』에서는 음식보다 그것을 먹는 방법에 대해 자세히 설명하고 있다. 그는 신토불이(身土不二), 즉 제 땅에서 난 음식물을 먹어야 한다고 말한다. 뿐만 아니라 제철 음식을 먹어야 그 효능이 더 뛰어나다고 한다.

먹는 즐거움도 우리가 누려야 할 행복 중 하나이다. 그렇지만 많이 먹으면 혀가 즐겁고, 적게 먹으면 인생이 즐겁다. 하루에 아침은 충분히, 점심은 적당히, 저녁은 적게.

인물 정보

최낙언
....
서울대학교 및 동 대학원에서 식품공학을 전공하고 식품회사에서 식품 및 향료 연구가로 일하고 있다. 식품에 제기된 여러 의구심에 대한 답을 찾기 위해 www.seehint.com을 개설해 운영하고 있다. 저서로는 『불량식품이 내 몸을 망친다』(지호, 2012)가 있다.

Week 46

과식, 포식, 절식에서 소식으로

    이번 주는 실생활에 도움이 되는 책을 소개하고자 한다. '건강을 잃으면 모든 것을 잃는 것이다'라는 말이 있다. 하지만 우리는 건강을 담보로 권력과 재물에 혈안이 되어 있다.
    노령화 사회가 진행되면서 건강에 관심이 높아지는 웰빙(well-being) 시대가 도래했다. 비단 노령자뿐만 아니라 누구든 건강할 때 건강을 지켜야 한다. 있을 때는 모르지만 없을 때 절실해지는 것이 바로 건강이다. 건강은 병에 걸리지 않기 위해 노력하는 상태가 아니라 '몸과 마음과 생활의 조화로운 상태'를 뜻한다. 시간과 돈도 중요하지만, 무엇보다도 잃으면 모든 것이 무의미해지는 게 바로 건강이다.
    우리는 무언가가 모자라면 그 부족함에 관심이 높아진다. 하지만 현대는 부족에서 생기는 병보다 과함에서 생기는 병이 더 많아지고 있다.

또 '젊음은 곧 건강'이라서 젊을 때는 건강에 소홀하지만, 나이가 들면 자연스레 건강에 대한 관심이 높아질 수밖에 없다.

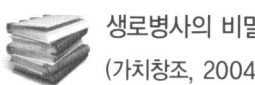
생로병사의 비밀
(가치창조, 2004)

10년 이상 지속되고 있는 KBS의 최장수 교양프로그램 〈생로병사의 비밀〉은 지금도 방송되고 있다. 이 프로그램을 보면서 국민들은 건강에 대한 관심이 높아졌고, 그에 따라 식생활도 많이 바뀌고 있다. 이렇게 인기가 있다 보니 텔레비전에 나온 내용이 여러 권의 책으로 출판되었다. 우선 『생로병사의 비밀』이라는 제목의 책이 전 3권으로 나왔다. 한때 이 책은 삼성그룹에서 필독서로 권장하기도 했고, 전 직원에게 요약본을 나누어주기도 했다. 직원의 건강이 곧 회사의 건강이라고 생각했기 때문이다.

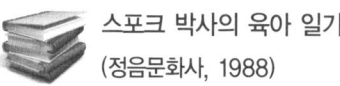
스포크 박사의 육아 일기
(정음문화사, 1988)

건강 또는 위생에 관련된 내용으로서 가장 많이 팔린 책이 아마 『스포크 박사의 육아 일기』일 것이다. 이 책은 한국은 물론 전 세계적인 베스트셀러이다. 하지만 최근에 오류도 많이 발견되고, 또 미국인을 기준으로 쓴 책이어서 우리 실정에 잘 맞지 않는 경향도 있어 국내 저자들이 우리 현실에 맞는 육아 일기를 출판하고 있다.

 한국인의 100세 건강의 비밀 | 한국인 무병장수 밥상의 비밀
(비타북스, 2011) | (비타북스, 2011)

건강에 대한 대부분의 책들은 주로 서양 의학에서 비롯되었다. 그래서 우리와는 다소 거리가 있다는 문제점이 있다. 이런 점을 보완해 최근 국내 현실에 맞게 나온 책이 있다. 『한국인의 100세 건강의 비밀』, 『한국인 무병장수 밥상의 비밀』 등이다. 이것들은 10여 년 동안 방영한 KBS 〈생로병사의 비밀〉에서 정수만 뽑아 한국 현실에 맞게 제작한 건강 도서라고 할 수 있다.

인간은 아주 오래 전 삼황오제 때부터 건강에 대한 관심을 가졌다. 황제는 약초를 관장했고, 도교에서는 섭생(攝生)과 양생(養生)을 강조했다. 대부분의 민간요법이 여기서부터 시작된 것들이다. 또 건강을 지키는 보약에 대해 흔히 3보라고 한다. 그 첫 번째가 식보(食補)이고, 두 번째가 육보(肉補)이며, 마지막이 약보(藥補)이다. 다시 말하면, 밥만 잘 먹어도 무병장수할 수 있으며, 몸이 허해지면 고기로 보를 하고, 최후에 약으로 보하는 것이 우리 한방의 요체이다.

이처럼 한방은 직접적인 치료보다 우리 몸을 보(補)하고 사(瀉)하여 시스템의 균형을 이루게 한다. 이에 반해 양학은 직접적인 수술이나 투약으로 원인을 제거한다. 둘 중 어느 것이 좋고 나쁨을 가릴 수는 없고,

상황에 따라 각자의 일장일단을 보아 서로 보완하는 것이 좋을 것이다. 하지만 모든 질병은 치료보다 예방이 더 중요하다. 그래서 섭생이 중요하다. 도인들과 같은 섭생을 하라는 것이 아니라 우리들의 섭생, 즉 식생활이 중요하다는 뜻이다.

식생활의 중요성을 강조하기 위해 율곡 이이(李珥) 선생의 '건강십훈(健康十訓)'을 소개한다.

① 소육다채(小肉多菜) : 육식은 적게 하고 채소는 많이 먹는다.
② 소식다작(小食多嚼) : 식사를 적게 하고 잘 씹는다.
③ 소염다혜(小鹽多醯) : 염분은 적게, 식초는 많이. 나물을 무칠 때 염분을 적게 쓰고도 맛있게 먹을 수 있으려면 식초를 조금 가해 준다. 그러면 간이 맞는다.
④ 소의다욕(小衣多浴) : 옷은 엷게 입고 목욕을 자주 한다.
⑤ 소번다면(小煩多眠) : 근심은 적게 하고 잠은 많이 잔다.
⑥ 소욕다시(少欲多施) : 욕심을 적게 내고, 남에게 많이 베푼다.
⑦ 소당다과(少糖多果) : 설탕은 적게 먹고 과일을 많이 먹는다.
⑧ 소차다보(少車多步) : 되도록 차는 적게 타고 많이 걷는다.
⑨ 소언다행(少言多行) : 말은 적게 하고 실행을 많이 한다.
⑩ 소분다소(少憤多笑) : 성은 적게 내고 많이 웃는다.

먹는 것도 중요하지만 마음가짐 역시 섭생의 일부이다. 건강십훈의 마지막 구절은 김시습의 '일로일로 일소일소(一怒一老 一笑一少)'를 연상시킨다.

요즈음 유행어 중 '9988234'라는 말이 있다. 99세까지 팔팔(88)하게 살다가 2일 아프고 3일째 죽는 사(4) 것이 노인들의 최대 행복이라는 말이다. 그저 오래 살기 위해서라기보다는 건강하게 살기 위해 평소 건강 관리에 힘써야 한다. 너무 많이 먹는 과식(過食)에서 벗어나 포만감을 느끼는 포식(飽食)으로, 다시 절제해서 먹는 절식(節食)을 통해 소박한 소식(素食)을 이루어 나가야 한다.

프로그램 정보

KBS 〈생로병사의 비밀〉

2002년 10월 '보기만 해도 건강해지는 TV'를 목표로 만들어진 프로그램이다. 기존의 다큐멘터리와는 다르게 의학 정보를 알기 쉽게 다룸으로써 10년 이상의 장수 프로그램이 되었다. CP 허완석의 프로그램을 이기호 박사가 감수해 책 『생로병사의 비밀』이 전 3권으로 만들어졌다.

Week 47

골프도 독학이 가능해진 시대

전 세계가 노령화 시대로 접어들었다. 특히 우리나라는 그 속도가 매우 빠르다. 더구나 베이비붐 세대의 은퇴 시기와 경제 불황이 맞물림에 따라 노후 설계는 큰 화두로 자리 잡고 있다.

흔히들 노후대책으로 약간의 돈과 친구 그리고 취미가 있어야 한다고 한다. 하지만 취미는 노후에만 필요한 것이 아니라 바쁜 일상에 찌드는 중장년층에게도 필수 불가결한 것이다. 스트레스를 해소하고 지친 육체와 정신에 휴식과 충전을 더해주기 때문이다.

한때 사람들의 취미는 보통 음악 감상 아니면 독서였다. 요즈음은 개성에 맞추어 각종 스포츠를 즐기는데, 가장 무난한 것은 등산 또는 트램핑(tramping, 걷기)일 것이다. 걷기를 위해 제주 올레길을 비롯해 둘레길, 산림욕길 등 다양한 산책로가 개발되었다. 그리고 상류층의 귀족 스포츠로 여겨졌던 골프도 일상적으로 즐기는 인구가 증가했다. 우리나라 경제인구 3,500만 명 중 골프를 경험해본 사람이 450만 명에 이르고, 앞으로 어떤 취미 활동을 해보고 싶으냐는 질문에 460만 명 정도가 골프를 1위로 꼽는다.

그래서인지 서점 스포츠 코너의 거의 절반 이상을 차지하는 것이 골프 관련 서적들이다. 수많은 교습서와 골프에 관한 책들이 나와 있고 앞으로도 계속 나올 것이다. 그중 대부분의 책들이 레슨에 관한 책 아니면 골프를 통한 깨달음, 공감을 이야기하는 에세이이다. 에세이는 그렇다 치고, 교습서는 천편일률적으로 그립 셋업(set up)부터 시작한다. 솔직히 무슨 말인지는 알겠는데 도통 이해가 안 된다. 이러한 교습 책들은 골프를 가르치는 것이 아니라 '스윙(swing)'을 가르치는 것들뿐이다. 골프에 있어서 스윙의 기술적인 완성도가 갖는 비중은 10~20% 정도이다. 스윙은 공이 없는 상태에서 이루어지는 몸동작, 즉 골프채를 휘두르는 동작이고, 샷(shot)은 그 휘두르기로 공을 치는 행위, 즉 휘둘러서 생긴 에너지를 공에 전달하는 행위이다.

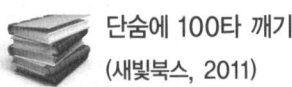
단숨에 100타 깨기
(새빛북스, 2011)

오늘은 골프에 관련된 서적 두세 권을 소개하려고 한다. 먼저 나의 졸저 『단숨에 100타 깨기』가 있다. 이 책은 교습서나 에세이가 아니다.

골프를 시작하고 싶은 사람들의 궁금증을 풀어주는 책이다. 골프를 시작하려고 할 때 가장 먼저 부딪히는 문제는 '과연 해야 할까?' 이다. 골프를 시작해야 할 것인가, 어떤 골프채를 사야 할 것인가, 레슨을 받아야 할 것인가, 내기를 해야 할 것인가, 골프 관련 책을 읽어야 하는가 등에 대한 10여 가지 궁금증에 대한 해답을 소설 형식으로 풀어나갔다. 그리고 중간 부분에서 골프에 관한 책들을 분야별로 정리, 소개하여 스스로 골프를 배울 수 있도록 구성한 책이다. 골프의 독학이라기보다는 스스로 자기에게 맞는 방법을 찾아나갈 수 있도록 만든 책이다.

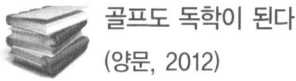

골프도 독학이 된다
(양문, 2012)

다음으로 소개할 책은 김헌의 『골프도 독학이 된다』이다. 저자는 SERI CEO에서 〈마음 골프〉 인터넷 강좌를 개설했고, 『골프 천재가 된 홍대리』(다산북스, 2011) 등 골프 관련 도서도 출간했다. 그리고 '마음 골프' 라는 새로운 교육 방식을 시도하고 있다.

골프는 복잡한 룰과 상대에 대한 에티켓, 스코어를 만들어내기 위한 전략과 전술들, 도구에 대한 이해, 멘탈 게임 등 도무지 독학이 가능한 스포츠가 아니다. 그렇다고 다른 사람을 가르치는 것도 가격 대비 효율 측면에서 너무나 비효율적이다. 그래서 골프는 체계적으로 코치를 받아 혹독한 훈련을 거쳐야만 되는 운동으로 인식되어 왔다. 그리고 한국 골프 교육의 고질병은 잘못된 교육 목적, 롱 게임 중심주의, 스윙 만능주의, 지적 중심의 레슨, 구분 동작 레슨, 필드 골프로의 안내 부족, 사후관리의 비과학성 등으로 그 효과를 제대로 내지 못하고 있다는 것이다.

이러한 문제점을 저자는 '독학'이라는 것으로 풀어나갔다. 사실 예전에는 골프를 독학으로 배운다는 것은 상상도 못할 일이었다. 하지만 각종 동영상과 스크린 골프의 등장으로 이제는 독학이 가능해진 것 역시 사실이다. 그리고 레슨을 받는 스윙은 골프 전체의 일부에 지나지 않고 그 외의 요소들이 너무나도 많아 이 모든 것을 레슨으로 해결할 수는 없다. 어쨌든 스스로 터득하든, 책을 통해 배우든, 하나하나 깨우쳐가야 한다.

 하비 페닉의 리틀 레드북
(미디어, 2010)

골프는 굿 샷을 즐기는 게임이 아니라 유효 샷을 즐기는 게임이다. 한 번 잘하는 것보다 지속성을 지닌 스윙이 매우 중요하다. 그래서 골프의 기본인 스윙을 익히는 최소한의 레슨은 반드시 필요하다. 서점에 가면 골프 기술에 관한 책이 즐비하다. 그중 하나만 선택해 기본을 익히면 된다.

『하비 페닉의 리틀 레드북』은 1992년에 출간됐는데, 골프의 성서라고 불리는 명저이다. 간간이 인용되다가 최근에서야 완역본이 나왔다. 이 책은 골프 관련 최초의 베스트셀러이고 지금도 기본서로 잘 팔리고 있다. 우리나라에서는 좀 늦게 출간되었다. 아마도 상업성에 자신이 없어서일 것이다.

고전적인 교습 방법에 많은 문제가 있지만, 오로지 독학만을 고집하는 것도 바람직하지는 않다. 아날로그와 디지털 방식 교습을 결합한 자기만의 독특한 방법을 찾는 것이 더 중요하다. 그리고 이론과 연습도 중요하지만 실전도 그에 못지않게 중요하다. 비록 필드에는 자주 못 나갈지언정 스크린 골프를 이용해서라도 실전 감각을 익힐 필요가 있다.

> **인물 정보**
>
> **김헌**
>
> 고려대학교 정치외교학과를 졸업했고, 『내 안의 골프본능』이라는 책을 출간했다. 현재는 '마음골프학교'를 설립해 독자적인 커리큘럼으로 자신의 골프 세계를 알리는 데 매진하고 있다. 현재 골프존 자문위원, 스윙뱅크 사외이사 등 업계에서 활발한 활동을 하고 있다. 또한 머니투데이, 골프스카이, 골프존 등 각종 매스미디어와 골프전문사이트에 칼럼을 기고하고 있다. 저서로『내 안의 골프본능』, 『스윙과 삶을 다스리는 마음골프』, 『골프 내공』 등 골프 관련 저서가 많다.

Week 48

글로벌 시대 흥미로운 영어 공부법

　나의 주말은 영화로 시작된다. 최근 개봉하는 할리우드 영화가 그 대상이다. 영화를 선정할 때는 스토리가 중요하다. 하지만 나는 번역에 대해서도 관심이 많다. 외국어를 번역할 때 중요한 것은 외국과 우리나라의 문화 차이 때문에 직역을 하면 맛이 떨어진다는 점이다. 어떻게 우리 감정에 맞는 단어를 택하여 번역을 하느냐에 따라 영화의 재미가 달라진다. 번역이 잘된 영화를 보게 되면 단순한 재미뿐만 아니라 문화와 언어를 배울 수 있다.

　요즈음 우리나라에서는 조기 영어 교육 열풍이 불고 있다. 강남의 유치원은 영어 유치원으로 성황을 이룬다. 월 수강료도 89만 원부터 2~300만 원까지, 높은 수강료와 무관하게 영어 유치원 앞은 문전성시다. 영어가 국제어로 성장했기 때문에 영어를 배우는 것은 당연하고,

능력이 되면 조기 교육도 필요하다고 본다.

예전에 영어 교육은 책과 사전이 전부였고, 문법 중심이었다. 하지만 최근에는 많은 교육 보조 자료가 있어 쉽게 접근할 수 있다. 동영상 강의도 많고 전문 학원도 많으며, 공교육으로도 원어민 교사들이 진행하는 수업도 있다. 하지만 무분별한 유학이나 지방자치단체에서 운영하는 영어 마을반이 해결책은 아니다. 정규 영어 수업 외에도 영어를 쉽게 그리고 저렴하게 배우는 방법은 무수히 많다. 그중 하나가 바로 영화를 보면서 배우는 방법이다.

나의 영어는 영화관에서 시작되었다
(웅진지식하우스, 2009)

영화를 즐겨 보는 사람들은 아마 이미도라는 이름을 자주 접했을 것이다. 요즘에는 영화 번역가로 여러 사람들의 이름이 나오지만, 예전에는 거의 대부분 이미도가 번역을 했다. 그는 우리나라 영화 번역의 대부와 같은 사람이다.

이미도의 『나의 영어는 영화관에서 시작되었다』를 보면 영어 공부를 어떻게 해야 잘 할 수 있는지를 알 수 있다. 저자는 〈반지의 제왕〉, 〈캐러비안의 해적〉, 〈슈렉〉 등을 번역한 유명한 번역가이다. 최근에는 『아이스크림 천재영문법』(파우스트, 2009)이라는 영어 만화 시리즈를 출간하기도 했다. 물론 일부 영화의 내용이 청소년들에게 유해한 것도 많지만, 청소년에게 유익한 영화를 잘 골라 영어 공부의 흥미와 효율을 높이는 것은 어떨까.

20대, 나만의 무대를 세워라
(위즈덤하우스, 2008)

영어 공부를 잘하기 위해서는 영어 연수 역시 효율적으로 해야 한다. 무조건 외국에 나간다고 해서 저절로 영어가 되는 것은 아니다. 또 외국에 간다면 현지에서도 열심히 그리고 효과적으로 공부를 해야 영어 실력이 향상된다. 기한은 최소 1년 정도는 있어야 말이 트인다. 현장에서 문화를 배우며 익혀야 살아 있는 영어가 된다.

현지 독학으로 영어를 정복한 유수연의 『20대, 나만의 무대를 세워라』를 보면 얼마나 노력을 해야 하는지 자세히 설명되어 있다. 지금은 연봉만 10억 원대인 유명 학원의 강사가 되었지만, 영어를 익히는 데 남다른 고생을 했고 그만큼 열정을 가지고 있다. 그녀는 최근 『독설』(위즈덤하우스, 2012)이라는 후속 서적을 출간했다.

꼬리에 꼬리를 무는 영어
(디자인하우스, 1993)

예전에 사전, 혹은 콘사이스(concise)라고 부르는 영어 사전을 무식하게 한 장씩 암기하던 때가 있었다. 그러나 무조건 단어를 암기하는 것보다는 어원이라든가, 에피소드 그리고 사용된 문장 등을 알면서 공부하면 더 효과적이다. 이와 같은 맥락에서 재미있는 단어 공부를 위해 한호림의 『꼬리에 꼬리를 무는 영어』도 좋은 참고서가 될 것이다. 최근 어린이들을 위한 주니어판도 나왔다.

세계에서 가장 많은 인구가 사용하는 언어는 중국어이지만 실제로 세계어는 영어이다. 강대국과 선진국들이 사용하고 있기 때문에, 글로벌 시대의 영어는 선택이 아니라 필수가 되었다. 유창하게 구사할 수 있는 정도는 아니더라도 최소한의 회화 능력이나 문장 독해 능력은 필요하다. 그래야 비즈니스는 아니더라도 최소한 해외여행을 하더라도 크게 불편하지 않기 때문이다.

별도로 시간을 내서 학원을 다닌다거나 자습을 하는 것도 좋은 방법이지만 생활 속에서 자연스럽게 익히는 것도 나쁘지 않다. 이번 주말에 잠시 시간을 내어 영화 한 편을 보면서 머리도 식히고, 영어도 배우는 것이 어떨까? 새삼 모 통신사의 LTE 광고가 떠오른다. '하면서, 하면서, 한다!'

> **인물 정보**

이미도

한국외국어대학교 스웨덴어학과를 졸업했으며, 1988년 공군사관후보생 83기로, 해외 파견요원의 영어교육을 전담하는 공군교육사령부 영어교육대대에서 영어 교육장교로 복무했다. 조선일보사 morningpluschosun.com에서 Walt Disney 애니메이션을 교재로 Mimicking 연기를 따라하며 말하기 공부법을 해설했고, KBS 〈대한민국 1교시-Yes I Can〉에 출연했다. 또한 이화여자대학교 통역번역대학원, 부산외국어대학교, 동 대학교 통역번역대학원, 서강대학교, 연세대학교, 숙명여자대학교 등에서 특강을 하기도 했다.

지금까지 번역한 영화로는 〈나인〉, 〈눈 먼 자들의 도시〉, 〈쿵푸 팬더〉, 〈클로버필드〉, 〈슈렉〉 시리즈 〈반지의 제왕〉 3부작, 〈진주만〉, 〈킬빌〉, 〈뮌헨〉, 〈캐리비안의 해적-블랙 펄의 저주〉, 〈뷰티풀 마인드〉, 〈아메리칸 뷰티〉, 〈글래디에이터〉, 〈노트북〉, 〈식스센스〉, 〈이보다 더 좋을 순 없다〉, 〈제리 맥과이어〉, 〈더록〉, 〈피스메이커〉, 〈인디펜던스 데이〉 등 470여 편이 있다. 『이미도의 등 푸른 활어영어』, 『영화백개사전 영어백과사전』 등의 책을 집필했으며, 영화각본 〈크리스마스 살생부〉(공저)를 쓰기도 했다.

Week 49

'느림' 의 화두

세상은 항상 정(正)·반(反)·합(合)의 과정을 반복하면서 발전해나 간다. 하나의 사회는 다른 사상을 가진 사회에 의해 바뀌고, 다시 두 사상이 합쳐져 새로운 시대를 만든다. 그리고 다시 이런 순환의 과정을 반복하면서 사회는 한 발짝씩 앞으로 발전해나가고 있다.

우리 시대는 예전에 비해 '스피드' 또는 '민첩성' 을 강조하는 사회가 되었다. 시대가 우리를 그렇게 만들었는지, 우리가 그런 시대를 만들어가고 있는지는 알 수 없다. 어쨌든 우리나라는 정보화 시대의 최대 수혜자임은 분명하다. 이렇게 된 이유로는 '빨리빨리' 라는 우리의 국민성도 큰 몫을 하고 있다. '빨리빨리' 라는 말은 동남아에서도 통용되는 한국어이다. 우리나라 관광객들이 이 말을 너무 많이 해서 동남아 현지인들도 다 알아듣고 사용하는 한국어이다. 바로 우리 국민성을 단적으로 대변하는 말이다.

예전에는 우리에게도 느림의 문화가 있었다. 자고로 사대부 양반은 팔자걸음으로 어슬렁어슬렁 움직였고, 뛰거나 서두르면 촐랑거린다고 혼이 나곤 했다. 우리가 이렇게 빨라진 것은 아무래도 산업화와 군사정권의 영향이 클 것이다. 하지만 이 '빨리빨리'가 무조건 나쁜 것만은 아니다. 산업화에 적합하고, 더 나아가서는 정보화 시대의 원동력이 된 것 역시 사실이다. 이 '빨리빨리' 덕분에 정보화 시대의 총아로 우뚝 선 것만은 부정할 수 없는 사실이다. 모 통신사의 광고도 '빠름 빠름' 하며 신기술 LTE를 광고하고 있다.

비록 '빨리빨리'가 정보화 시대를 이끈 원동력이 되었더라도, 요즈음은 느림이 유행이고 대세이다. 지나친 빠름을 강조하는 것에 대한 반항일 것이다. 사실 느리게, 천천히 여유를 가지고 사는 것이 맞다. 우리의 일상생활 모두—호흡, 식사, 걷기 그리고 골프 스윙도 느릴수록 결과는 좋다. 반대로 빨리 서두르면 으레 망치는 일이 생긴다.

 **느리게 산다는 것의 의미**
(동문선, 2000)

느림 하면 떠오르는 책이 바로 피에르 쌍소의 『느리게 산다는 것의 의미』이다. 이 책을 필두로 느림을 예찬하는 책들이 많이 출간되었다.

최근 들어 슬로우(Slow) 운동은 생활 방식 모든 것에 열풍처럼 불고 있다. 햄버거로 대표되는 서양 음식이 패스트푸드(fast food)인 것에 반해, 우리 한식은 슬로우 푸드(slow food)이다. 서양의 삶이 실용, 동적인 삶이라면 동양의 삶은 느림, 여백의 삶이라고 할 수 있다. 이처럼 동양은 서양에 비해 느리고 정적이었다.

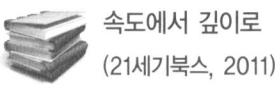
속도에서 깊이로
(21세기북스, 2011)

최근에 나온 책으로는 윌리엄 파워스의 『속도에서 깊이로』가 눈에 띈다. 그는 현대를 '디지털로 대변되는 스크린 문화'라고 이름 지으며, 우리는 스크린의 노예가 되고 있다고 말한다.

기술이 우리 앞에 새로운 세상을 펼쳐 놓은 것만은 확실하다. 그 새로운 세상은 디지털 세상이며, 우리는 스크린을 통해 쉬지 않고 서로 어깨를 두드린다. 우리는 스크린 하나로 세상 모든 사람들과 온갖 정보에 쉽게 접근할 수 있다. 가족과 친구, 일과 놀이, 뉴스와 아이디어 등 우리의 모든 관심사가 디지털 세상으로 옮겨져 왔다. 그 결과로 우리의 생활은 컴퓨터 화면에서 각종 광고판 그리고 손안의 스마트폰까지 스크린 없이는 살아가기 어려울 정도이다.

이러한 흐름에 맞게 나 역시 스마트폰을 장만했고 이후 삶이 많이 달라졌다. 앱스토어에는 삶을 편리하게 해 줄 수 있는 수많은 앱들이 날 기다리고 있었고, 페이스북 친구들과의 수다는 그렇게 즐거울 수가 없었다. 시도 때도 없이 수다를 떨고 메일을 확인하고 웹서핑을 했다. 스마트폰이 마치 내 몸의 일부인 양 한시도 손에서 놓지 않았다. 그리고, 아프지 않던 뒷목이 뻐근해지기 시작했다. 한편으로는 삶이 삐걱거리는 소리가 들리기 시작했다.

무릇 어느 하나가 무조건 옳고, 다른 것은 그르다는 흑백논리만으로 이루어지는 것은 제대로 된 사회가 아니다. 그리고 한때의 진리가 영원한 진리로 지속되는 것은 아니다. 모든 것은 시대적 상황과 각 개인이 처한 환경에 따라 바뀔 수 있다. 따라서 '젊을 때는 빨리, 나이가 들면 느리게'가 맞는 것 같다. 시대이든 세대이든 간에 적절한 조화를 이루는 것이 중요하다.

'시간은 기다리는 이에게는 너무 느리게 가고, 걱정거리가 있는 이에게는 너무 빨리 가고, 슬픈 이에게는 너무 길고, 기뻐하는 이에게는 너무 짧다'라는 헨리 반다이크의 말을 되새겨 볼 필요가 있다.

그렇다면 과연 어느 정도가 빠름이고, 어느 정도가 느림인 것인가? 빠름과 느림은 마음먹기에 달렸다고 볼 수 있다. 미셸 푸코는 삶을 개선하고 변화시킬 수 있도록 도와주는 철학적 도구를 '자기의 기술'이라고 표현했다. 디지털 세상에서 자기를 지키는 새로운 기술, 그것이 바로 지금 우리에게 필요하다.

'컴퓨터를 끈다. 휴대 전화도 꺼라. 그러면 주위에 사람이 있다는 것을 발견하게 될 것이다.

첫 발을 떼는 손자, 손녀의 손을 잡아주는 것보다 더 소중한 순간은 없다'

인물 정보

피에르 쌍소(Pierre Sansot)

파리고등사범학교와 소르본대학교에 입학해 철학을 공부했다. 이후 그르노블과 몽펠리에대학교에서 철학과 인류학을 가르쳤고, 퇴직 이후 남프랑스의 나르본에서 본격적으로 저술활동을 해왔다. 1973년 『도시의 시학』을 출간한 이후 『감각적인 프랑스』, 『가난한 사람들』, 『도시의 서정』, 『적은 것으로 살 줄 아는 사람들』, 『공원』, 『민감한 프랑스』, 『느리게 한다는 것의 의미』 등 15권의 책을 펴냈다. 그의 저서들 중 1998년에 출간한 『느리게 산다는 것의 의미』는 전 세계에 '느림'의 물결을 일으키기도 했다. 2005년 『아주 사소한, 그러나 소중한』을 집필하던 도중 사망했으며, 이후 앙리 토르그를 필두로 한 제자들이 모여 프랑스의 위대한 지성 피에르 쌍소의 마지막 철학이 담긴 유고작 『아주 사소한, 그러나 소중한』을 출간하게 되었다.

Week 50

힐링, 육체의 병보다 마음의 병을 치료해야 할 때

멈추면, 비로소 보이는 것들
(쌤앤파커스, 2012)

'헐!'

요즈음 아이들이 쓰는 신조어가 절로 나온다. 2013년 1월 27일 730쇄. 2012년 1월 27일 1쇄를 한 지 꼭 1년 만에 730쇄를 찍었다. 하루에 2쇄씩 찍었다는 말이다. 속물이라 어쩔 수 없는 것, 내 머리 속의 계산기가 재빨리 돌아가고 있다. 1쇄에 1,000부만 찍어도 73만 부, 그러면 인세가 10억! 다시 한 번 더 '헐!'

시중의 베스트셀러로 1년 이상 요지부동 자리를 빼앗기지 않고 있는 혜민 스님의 『멈추면, 비로소 보이는 것들』에 대한 나의 반응이다.

그간 승려들의 마음공부에 관한 책들이 많이 나왔고, 거의 매년 유명한 스님들의 책이 한 권 이상 나와 많은 호응을 받았다. 가장 대표적인 것이 지금은 절판된 책, 법정 스님의 『무소유』일 것이다. 법문 해설이나 큰 가르침이 아니라 수필 식으로 써내려간 수양서이기 때문에 대중에게 인기가 많았다. 가장 최근에는 법륜 스님의 『스님의 주례사』(휴, 2010)가 인기를 모았지만 이렇게 폭발적이지는 않았다.

저자 혜민 스님은 승려이자 한국인 미국 대학 교수로 특이한 수도자이다. 그는 하버드대 재학 중 출가한 특수한 이력을 가졌다. 물론 예전에도 미국인 석학 승려들이 여럿 있었다. 대표적인 사람이 현각으로 『만행 하버드에서 화계사까지 상, 하』(열림원, 2002)라는 책으로 장안에 화제를 일으켰고, 미국 LA 황무지에 자력으로 절을 짓고 수도하는 무진 스님도 예일대 출신이다.

혜민 스님은 고리타분한 산사에서 오로지 수도만 하는 승려가 아니다. 우리와 다를 바 없이 삶을 살면서 우리의 고민을 이해하는 생활 속의 구도자이다. 어려운 법문을 설파하거나 깨우침의 수양 방식을 강요하는 것이 아니라, 우리가 생활 속에서 부딪히는 소소한 일상사에 대한 평범한 가르침이 젊은 층 독자를 끌어들인 힘이라 생각된다. 관계에 대해, 사랑에 대해, 마음과 인생에 대해 머리로는 알지만 마음으로는 안 되는 것들에 대한 따뜻하고 섬광 같은 지혜의 말들이 가슴에 와 닿는다. 그는 학창 시절에 첫사랑의 아픔도 느꼈고, 서양의 칼릴 지브란의 시를 암송하는 평범한 현대인이다. 그리고 구글을 사용하며 트위터로 대화를 하는 네티즌이기도 하다. 좋아하는 성경 구절이 있고, 타 종교 커뮤니티에서 같이 수도를 하는 경계가 없는 구도자이다.

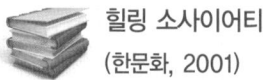
힐링 소사이어티
(한문화, 2001)

요즈음 힐링(Healing)이 대세다. 최근 텔레비전 프로그램인 〈힐링캠프〉가 정치인의 입문 코스로 각광받고 있을 정도이다. 아마도 세상 사는 것이 너무 각박하고, 양극화로 인해 극단으로 치달아 마찰이 생기기 때문일 것이다. 육체에 대한 의학적인 치료가 아닌, 정신적인 힐링이 필요한 것이다. 그래서 서점에서도 힐링에 관한 책들이 많다.

이승헌은 『힐링 소사이어티』에서 깨달음만이 희망이라는 말을 전해 주었다. 일지(一指) 이승헌 선생은 미국에서 한국 정신문화에 큰 획을 그은 사람으로서 전 세계의 영적 지도자와 교류를 하였다. 단학 선원을 운영하다 후진에게 물려주고, 깨달음의 세계화를 위해 매진하고 있다.

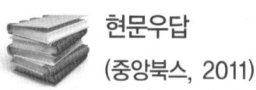
현문우답
(중앙북스, 2011)

새로운 시각의 힐링 책으로 백성호의 『현문우답』이 있다. 저자는 종교 기자로 종교계의 대가들과 대담을 하면서 모든 답은 '내 안'에 있음을 깨달았다. 1장 비우기, 2장 묵상하기, 3장 깨치기, 4장 거듭나기로 나누어 스스로 깨달음을 얻는 길에 대해 설명해 놓았다.

우리도 이제는 육체의 병보다도 마음의 병을 치료해야 할 때가 온 것 같다. 개인뿐만 아니라 사회 전반에 대한 힐링이 필요하다. 혜민 스님의 책 속에 이런 구절이 있다. '우리는 오천 원짜리 커피를 사서 마시는 것을 주저하지 않는다. 하지만 커피 두세 잔 값인 책 한 권 사는 것은 주저한다. 왜 그럴까?'

인물 정보

혜민 스님

승려이자 뉴햄프셔대학교 종교학 교수(2006)라는 특별한 인생을 사는 스님, 한국에서 고등학교를 졸업하고 UC 버클리로 영화를 공부하러 유학을 떠난 스님은 하버드대학원 종교학 박사, 프린스턴대학교 종교학 박사를 받았다. 하버드에서 석사 과정 중 출가를 결심, 2000년 해인사에서 사미계를 받았다. 뉴욕불광사 총무를 역임했다. 저서로는 『젊은 날의 깨달음』이 있다.

Week 51

제2의 인생, 나는 이렇게 늙고 싶다

최근 은퇴에 관한 영화 한 편을 보았다. 〈베스트 이그조틱 메리골드 호텔(Best exotic Marigold Hotel)〉이다. 할리우드가 만든 영화로 노년의 영국인이 인도에서 제2의 삶을 사는 일종의 힐링 영화이다. 유명 배우라고는 〈007〉 시리즈에서 M으로 나오는 주디 덴치(Judi Dench)뿐이다. 이 영화는 서로 다른 삶을 살아온 6명의 삶이 공명하며 그들에게 제2의 새로운 인생이 펼쳐진다는 내용을 담고 있다. 마지막 대사가 와닿았다. '실패는 시도를 안 하는 것이고, 성공은 절망을 극복하는 것이다. 두려운 것은 오늘과 같은 내일이다.'

현대사회에서는 조로(早老)하는 현상이 일어나 사람들은 60대, 아니 50대에 조기 은퇴하게 된다. 그래서 40대에 접어들면 주변에서 은퇴 준비를 권하기도 한다. 최근 들어 베이비붐 세대의 은퇴 시기를 맞아 은퇴 생활에 관한 신문 기사나 책들이 봇물처럼 나오고 있다. 그중 은퇴에 대한 책들은 외국의 것들이 대부분이다. 우리는 은퇴에 대한 사회적 대비가 늦었기 때문이다. 따라서 나는 우리와 비슷한 동양 문화권이고, 우리보다 먼저 고령화 사회에 진입한 일본에게서 배우는 것이 좋다고 생각한다.

 나는 이렇게 늙고 싶다—계로록(戒老錄)(리수, 2004) | 당당하게 늙고 싶다(리수, 2011) | 지적으로 나이 드는 법, 중년수업(위즈덤하우스, 2012)

가장 인기가 있는 것으로는 소노 아야코의 『나는 이렇게 늙고 싶다—계로록(戒老錄)』일 것이다. 그녀의 최신작 『당당하게 늙고 싶다』도 인기가 높다. 가장 최근에 나온 책으로는 와타나베 쇼이치의 『지적으로 나이 드는 법』과 가와기타 요시노리의 『중년수업』이 있다.

 아름답게 나이 든다는 것 (눈과마음, 2008) | 나이 들지 않으면 알 수 없는 것들

노령화 세대가 빠르게 진행되고 있는 서양에서는 노후 문제에 대한 책들이 많이 나왔다. 서양은 노후를 제2의 인생, 인생의 후반부 또는 제3의 물결(the third wave) 등으로 표현하면서 또 하나의 삶에 대해 조명을 해왔다. 안젤레스 에리엔의 『아름답게 나이 든다는 것』은 생의 나머지 절반의 후회 없는 생을 위해 배우고, 깨닫고, 준비하라고 부르

짖으며, 은퇴자에게 꼭 필요한 성찰과 지혜에 대하여 설명하고 있다. 쿠르트 호크의 『나이 들지 않으면 알 수 없는 것들』 역시 인생 후배들에게 전하는 삶의 지혜 38가지를 소개하고 있다. 그러면서 다음과 같은 메시지를 전달하고 있다.

'당신의 과거를 알고 싶다면 당신의 현재를 들여다보라.

당신의 미래를 알고 싶다면 당신의 현재를 들여다보라.

충만한 삶을 살고 싶다면 지금 이 순간에 헌신하라.'

 나이 듦에 대하여 | 나는 치사하게 은퇴하고 싶다
(웅진닷컴, 2001) | (청림출판, 2010)

이에 반해 우리나라의 작가들은 조금 다른 접근을 하고 있다. 대부분의 책들이 남성 중심인 것에 반해, 박혜란의 『나이 듦에 대하여』는 중년 여성의 나이 듦에 대하여 집중 조명하고 있다. 조금 특이한 접근으로는 김형래의 『나는 치사하게 은퇴하고 싶다』가 있다. 제목을 보아서는 조금 '치사하다' 라는 생각이 드는데, '치사(致仕)하다' 는 말은 70세에 은퇴한다는 의미라고 한다. 통일신라시대 최치원이 치사를 했다고 전한다.

책은 오직 육체적인 문제나 나이로만 한정해 은퇴를 정할 것이 아니라 일을 할 수 있을 때까지 최선을 다하고 난 뒤에 은퇴를 해야 하는 것이 바람직하다고 말한다. 그러기 위해 은퇴하기 전에 꼭 알아야 할 49

가지를 소개하고 있다.

 나는 죽을 때까지 재미있게 살고 싶다
(갤리온, 2013)

가장 최근에 이근후의 『나는 죽을 때까지 재미있게 살고 싶다』라는 긴 제목의 책이 화제를 끌고 있다. 정신과 의사로서 은퇴를 모르고 자신이 좋아하는 일에 봉사하며 새로운 인생을 개척하고 있는 이야기를 젊은 작가가 구성한 책이다.

은퇴 생활에 필요한 것은 '약간의 돈, 친구 몇 명 그리고 취미 한두 가지'라고 한다. 아주 간단한, 그리고 어렵지 않은 노후 생활 레시피이다. 그러나 비록 '약간'이라고 했지만, 은퇴 후 생활에 가장 필요한 것은 돈이다. 객관적인 자료로 2010년 한국의 경우, 국민연금 연구원의 조사에 따르면 부부의 경우 적정 노후 생활비는 월 174만 6천 원이라고 한다. 연간 2천만 원 이상 수입이 있어야 한다는 의미이다. 게다가 개인의 현재 상황과 원하는 노후 목표에 따라 그 '약간'의 의미는 크게 달라진다. 결국 노후 자금에 대해서는 정답이 없는 셈이다. 그리고 현실적으로 충분한 여유 자금을 갖춘 은퇴자가 과연 얼마나 될까?

그래서 동·서양을 막론하고 사람들은 대부분 은퇴 전의 마음가짐과 준비에서 해결책을 모색하려 한다. 노후 자금은 다다익선(多多益善)이지만 마음대로 되는 것이 아니기에 마음을 비우고 자세를 낮추면 모든 문제가 훨씬 쉽게 해결된다고 강조하는 것이다. 결국 물질적인 면보다는 정신적인 준비가 더 중요하기 때문에, 제2의 인생 설계는 낙천주의자인 이탈리아 사람들의 인생 3대 모토-만자레 칸타레 아모레(mangiare, cantare, amore, 먹고 노래하고 사랑하라)의 자세로 새롭게 설계해 나가는 것이 바람직하다고 본다. 제2의 인생은 마지못해 살아가는 것이 아니라 있는 그대로를 즐기는 것이 답이다.

인물 정보

이근후

50년간 정신과 전문의로 환자를 돌보고 학생들을 가르쳐 온 이화여자대학교 명예교수이다. 왼쪽 눈의 시력을 완전히 잃고 일곱 가지 병과 함께 살아가면서도 76세의 나이에 최고령이자 수석으로 사이버 대학교를 졸업하고, 삼대 열세 가족과 한집에서 대가족을 이루어 사는 등 누구보다 즐겁고 재미있는 노년을 보내고 있다.

Week 52

나도 희망한다(Spero), 너도 희망하라(spera)

52주 동안 여러 방면의 책을 골고루 읽으며 생각들을 정리해보니 나의 삶에 뭔가 방향이 잡힌 듯하다. 마지막 주는 유종의 미를 거두기 위해 좋은 책을 골라 보았지만, 크게 마음에 드는 책이 들어오지 않았다. 결국 『무지개 원리』(위즈앤비즈, 2008)라는 베스트셀러를 쓴 천주교 사목 차동엽 신부의 최신작 『희망의 귀환』을 택했다.

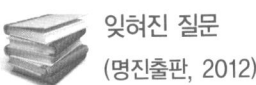
잊혀진 질문
(명진출판, 2012)

저자는 고(故) 이병철 회장이 작고하기 전에 남긴 '24가지 질문서'에 대해 나름대로 답을 만들어 『잊혀진 질문』(명진출판, 2012)이라는 책을 쓰기도 했다. 이 책에서 저자는 '모든 질문들이 가슴을 다시 뛰게 하는 잊힌 질문이며 절망의 한줌 속에서 부르는 생의 찬가' 라고 말하고 있다. 이병철 회장이 남긴 질문과 동일한 것은 아니지만 그 질문 중 저자가 답할 수 있는 총 15개의 질문에 대한 답을 담고 있다.

1. 한 번 태어난 인생, 왜 이렇게 힘들고 아프고 고통스러워야 하나?
2. 착한 사람은 부자가 될 수 없나?
3. 우리는 왜 자기 인생에 쉽게 만족하지 못할까?
4. 눈에 보이지 않는 세계를 알 필요가 있을까?
5. 악한 사람이 부귀영화를 누리는 사례는 대체 뭘까?
6. 극단적인 가치관을 가진 사람들을 어떻게 받아주어야 하나?
7. 우리나라는 종교가 번창한데 사회 문제는 왜 그렇게 많나?
8. 이 세상에 신이 있다면 대체 어디에 숨어 있나?
9. 신이 이 세상을 창조했다는 증거가 있나?
10. 창조와 진화에 대한 생각은 영원히 평행선인가?
11. 과학이 더 발전하면 세상이 완전히 달라질까?
12. 악인의 길과 선인의 길은 미리 정해져 있나?
13. 자유로운 마음으로 살 수 있는 방법은 있나?
14. 천국과 지옥이 우리 인생에 무슨 의미가 있는가?
15. 지구의 종말이 오긴 오는 건가?

이 숙제는 모든 종교 그리고 영적 스승들의 화두가 아닌가 싶다. 화제가 너무 무겁고 또한 뜨거워 그 누구도 섣불리 다가설 수 없는 것들이다. 그동안 천주교 신부들 사이에서 오간 이 질문서를 저자도 수년간 묵혀 두었다가, 마침내 용기를 내어 답안지를 작성한 것이다.

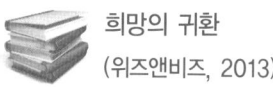
희망의 귀환
(위즈앤비즈, 2013)

반면 이번 주의 책 『희망의 귀환』은 전작들과는 사뭇 다른, 요즈음 같이 희망이 증발되어 보이지 않는 시기에 슬퍼하는 이들을 위한 위로의 말과 희망 실종을 부추기는 문화에 대한 변론서이다. 이 책에서 그는 많은 희망의 메시지를 전하고 있지만, 결국 그가 말하고 싶은 것은 희망을 갖고 자신을 사랑하라는 것이다. 그의 충고는 어니 J. 텔린스키의 「나를 사랑하라」라는 시에 함축되어 있다고 본다.

당신이 불행하다고 해서 남을 원망하느라
기운과 시간을 허비하지 말라
어느 누구도 당신 인생의 질에 영향을 끼칠 수 없다
오직 당신뿐이다

모든 것을 타인의 행동에 반응하는

자신의 생각과 태동 달려 있다

많은 사람들이 실제 자신과 다른

뭔가 중요한 사람이 되고 싶어 한다

그런 사람이 되지 말라 당신은 이미 중요한 사람이다

당신은 당신이다

당신의 본연의 모습으로 존재할 때

비로소 당신은 행복해질 수 있다

당신 본인의 모습에 평안을 느끼지 못한다면

절대 진정한 만족을 얻지 못한다

자부심이란 다른 누구도 아닌

오직 당신만이 당신 자신에게 줄 수 있는 것

자기 자신을 사랑한다는 것은 중요한 일이다

다른 사람이 뭐라고 하든,

어떻게 생각하든 개의치 말고

심지어는 어머니가 당신을 사랑하는 것보다도

더 당신 자신을 사랑해야 한다

삶은 언제나 당신 자신과 연애하듯 살라

이제 52주의 대장정을 이 말로 맺는다.

'나도 희망한다(Spero), 너도 희망하라(spera).'

새로운 시대를 새로운 희망으로 맞이하자!

인물 정보

차동엽

경기도 화성 출생으로 서울대학교 공과대학, 서울 가톨릭대학교, 오스트리아 빈 대학교, 미국 보스턴대학교 등에서 수학하였고, 오스트리아 빈대학교 대학원에서 박사 학위를 취득했다. 현재 인천 가톨릭 대학교 교수 및 미래사목연구소 소장으로 봉직하고 있다. 주요 저서로 밀리언셀러인 『무지개 원리』를 비롯해, 『잊혀진 질문』, 『김수환 추기경의 친전』, 『바보Zone』 외 다수가 있으며, 역서로는 『아가페』, 『365 땡큐』가 있다.

에필로그

　세월은 참 빠르다. 순식간에 1년이 번개처럼 지나갔다. 평소에 책 읽기를 좋아했지만, 그동안은 단지 독서 초록만 정리했을 뿐이다. 이번에 52주간의 독서 장정을 시작하게 된 직접적인 계기는 두 가지이다. 하나는 1764년 9월 9일부터 11월 30일까지 93일간 하루도 거르지 않고 쓴 조선시대 독서가인 학자 이덕무 선생의 『관독일기(觀讀日記)』에 자극을 받아서이다. 그리고 때마침 〈2012년 독서캠페인〉이 열렸는데 '2012'라는 숫자에 담긴 취지도 마음을 움직였다. '2012'는 2012년이라는 의미도 담고 있지만 '하루 20분 독서를 하면 한 달에 한 권, 1년에 '12'권의 책을 읽을 수 있다' 라는 뜻을 담고 있다.

　이덕무 선생처럼 100일간 매일 책 한 권을 읽고 정리하는 것은 보통 어려운 일이 아니다. 그래서 목표를 수정해 주당 1권으로, 대신 기간을

1년으로 잡고 도전했다. 도전은 아름다웠지만 그 과정은 순탄치만은 않았다. 처음에는 쓸 내용이 너무 많아 행복한 고민을 했는데, 시간이 지나자 주제가 고갈되었다. 새롭게 출간되는 책을 원칙으로, 바로 그 주에 읽은 따끈따끈한 책을 소개하려고 했지만 여의치 않았다. 그래서 예전에 읽은 책도 일부 동원했다. 또 고른 분야의 책을 다양하게 다루고 싶은 생각에 의도적으로 다른 장르의 책을 선정하기도 했다.

이렇게 52주 동안 52권의 책을 하나의 주제로 다루어 정리했다. 그러나 해당 주제 안에서 함께 읽으면 좋을 책들을 소개한 것이 150여 권이 넘는다.

내가 다룬 대부분의 책들은 핵심 고전이 아니라 주변의 평론과 해설서들 위주이다. 책들을 정리해 보면 철학 10권, 문학 8권, 역사 6권으로 문(文)·사(史)·철(哲) 분야의 책이 24편이고, 시 7권, 화 4권, 예 3권으로 시(詩)·서(書)·화(畵)가 14편이다. 그리고 그 외의 상식과 기능 분야의 책이 14편으로 총 52편의 주제를 다뤘다. 지극히 주관적인 기준이지만 이렇게 장르를 분류한 덕에 다양한 분야의 책이 소개된 것 같다.

이 글을 나의 홈페이지에 올렸을 때 가장 인기가 있었던 책은『파스칼의 팡세』이다. 두 번째가『옆으로 본 고대사 이야기』이고, 세 번째가『먼 나라 이웃나라』이다. 네 번째는『한시 미학 산책』순으로, 종교·역사·상식·문학 등 다양한 영역의 고른 관심을 끌었다.

'나는 한 권의 책을 책꽂이에서 뽑아 읽었다. 그리고 그 책을 꽂아 놓았다. 그러니 나는 이미 조금 전의 내가 아니다' 라는 앙드레 지드의 말처럼 매주 한 권의 책을 읽고 나면 또 다른 내가 된다. 사실 52권에 걸쳐 나의 생각들이 정신없이 바뀐 것이 아니라, 그동안 희미하게 지니고 있었던 52가지의 생각들이 새롭게 정리된 것이다.

이런 시도는 물론 필자 자신을 위한 것이었지만, 다른 사람들도 자극을 받아 나와 같은 도전이 이루어졌으면 하는 바람이다. 나의 바람과 생각들이 책으로 세상에 나와 더 많은 이들에게 읽혔으면 하는 흑심으로 이 책을 출간하기로 했다. 우선 52주 동안 읽은 책을 사계절로 나누었고, 다시 3개의 소주제, 12개 영역으로 나누었는데, 다소 주제와는 동떨어진 책도 없진 않다. 비록 52권의 책으로 마감하지만 앞으로도 좋은 책과 만나면 필자의 홈페이지(www.kimyoungan.com)에 글을 올릴 생각이다.

'책은 가장 훌륭한 동반자요, 무기요, 기쁨이요, 도구요, 목적이요, 연인이요, 쾌락이요, 즐거움이요, 지혜요, 전략이다.'